デジタル／ネットワーク化するメディア

電子書籍と出版

ポット出版

デジタル／ネットワーク化するメディア
電子書籍と出版
目次

はじめに…………004
沢辺均
●ポット出版代表取締役／版元ドットコム有限責任事業組合組合員

2010年代の「出版」を考える…………010
高島利行
●株式会社語研取締役営業部長／版元ドットコム有限責任事業組合組合員
仲俣暁生
●フリー編集者・文筆家／「マガジン航」編集人
橋本大也
●データセクション株式会社取締役会長／ブログ「情報考学」運営
沢辺均
収録▶2010年2月1日開催「2010年代の『出版』を考える」

電子出版時代の編集者…………072
山路達也●フリーライター・編集者
初出▶ポット出版ウェブサイト「談話室沢辺」
2010年3月2日公開「電子出版時代の編集者」

20年後の出版をどう定義するか…………108
植村八潮
●東京電機大学出版局長／日本出版学会副会長
初出▶ポット出版ウェブサイト「談話室沢辺」
2010年5月10日公開「20年後の出版をどう定義するか」、
5月11日公開「電子書籍をめぐる権利のゆくえ」

出版業界の現状をどう見るか…………154
星野渉
●「文化通信」編集長
収録▶2010年3月17日開催「図書館政策セミナー」講演
「出版をめぐる変化と図書館の課題」

編集者とデザイナーのためのXML勉強会…………192
深沢英次
●メディアシステム・ディレクター／グラフィックデザイナー
初出▶ボイジャーウェブサイト「マガジン航」
2010年4月28日公開「編集者とデザイナーのためのXML勉強会」

●はじめに

今、出版はとっても面白い状況にあるんじゃないだろうか?

電子書籍は、iPadなどの新たな機器（デバイス）の到来を迎えて、机に置かれたパソコンから解き放たれて、紙の本と同じようにいつでもどこでも読みたいときに読めるものになってきた。読書の機会は、より広がる。新たな機器もこれからますます増えていきそうだ。今後、多くの人に支持される一つの機器に集約されていくのか、あるいはさまざまな機器がすみわけていくのかはわからないけれど。

電子書籍の拡大は、出版「社」をなくすことはあっても、出版というおこない自体をなくすことにはならない。
出版とはなんだろうか?
私は、(1) 文字や絵・図表などを使って、(2) 選別して、(3) 知識や情報を、(4) 複数の人に発信していくことだと考えている。
電子書籍は、デジタルとネットワークを利用して、この出版をおこなうことである。
デジタルとネットワークを利用することで、当然これまでの紙とは変化する点はある。
(1) についていえば、文字や、絵、図表に加えて、音や動画も加えることができる。(2) の選別については、これは、すでに選別しようのないほどの、膨大な書記言語がネットワーク上にあふれている。逆に選別しないからこその面白さもある。(4) についていえば、複数の人に発信することは、ほとんど無料でだれもができる。
こうした点は、すでに従来の出版と大きく様変わりし、出版はだれもができるモノに近づきつつある。

こういった変化は、これまで出版をする側をほとんど独占してきた出版

「社」から独占を奪い取る可能性がある。
デジタルとネットワークの時代、制作コスト・流通コストが大幅に下がることで、資金調達力のあるなし、取次との取引のあるなし、といった「既得権」の意味はどんどんなくなっている。
電子書籍の出現で、今後、既存の出版社が一部、あるいは全部なくなってしまう可能性だって大いにある、ということだ。

出版社がなくなるなら、それは自社も含めてやむを得ないと私は思っている。
たとえば、1960年の三井三池炭坑の労働争議が象徴するように、石炭は石油にとって変わって（ほとんど）なくなってしまった。
いや、私たち普通の人々も石油を選んで石炭を捨てたのだから「なくしてしまった」のだ。
出版社が石炭になってしまう可能性は十分にある。
しかし、出版というおこないは石炭ではない。出版＝エネルギーそのものだと思うからだ。
その担い手が従来の出版社でなくなるかもしれないというだけだ。
あらたに勃興するかもしれない人たちの生み出すものが出版の主流を担うかもしれない。
より多くの人が、出版をはじめられる、まったくいい時代だ。量的な拡大が即質的な成長をもたらすわけではないけれど、量が増えることは、すくなくとも質の成長をうながす要素の一つではあるだろう。
電子書籍の到来は、既得権を持っていた人には脅威かもしれないが、より多くの人に出版というおこないがひらかれるという点においては、「出版」の可能性はますます広がる。面白い時代になると思う。

では、電子書籍の利点とはなんだろう。
すでにいろんなアイディアが出されている。
・一度購入したら、自分が持つさまざまなデバイスでいつでもどこでも気軽に読める。Kindle（キンドル）は、仕事場のパソコンでも、家のパソコンでも、スマートフォンでも、iPadでも、一度読む権利を購入すれば、自分のさまざまなマシンで読むことができる。しかも自分が閉じたページからそのまま読み継げる。これが、Kindleが好評である一つの理由だ。
・文章に線が引ける、本文中を検索できる、複数の蔵書を横断して中身を検索することができる。さらにそれを公開して、多くの人の線を引いた箇所を重ねてみたり、あるいは自分で線を引いたところから検索したり、それを複数の蔵書を横断して検索したり。
・面白いと思った箇所は、自身のブログやTwitterにコピペできる。それに共感した人が口コミで話題を広げていく。
・デジタルであれば、文字数の制限が大幅に緩和される。紙の本であれば、文字数が少なすぎて本にならない、逆に、多すぎて印刷費用がかかりすぎる、などということに迷ってきた。43字、17行で、256ページ、などといった本の基本フォーマットがあたまにこびりついた。デジタルであれば、これらの制約は大幅に減るはずである。
これらは単なるアイディアにとどまっているものもあるし、すでに実現されているものもある。

こうした電子書籍だからこその利用方法をさまざま生み出すことが、デジタルとネットワークの時代の出版の課題だと思っている。

ただ一つ、気になることがある。
電子書籍はもてはやされているが、その成果が利用ではなくむしろ制限へと向かっていないだろうか。
デジタル・ネットワークの世界では、コピーや公開はより簡単にできる。著作者の権利を守るために違法行為の取り締まりの強化を求めるのはわかる。
しかし、著作権の尊重の本来の意味は何なのか。
著作権法で「思想又は感情を創作的に表現したもの……」とされる著作

物だが、そもそもだれか一人の完全なオリジナルな著作物というのは、あり得ない。
それ以前に作られた著作物の成果を利用して連綿と生み出されてきたのであって、そうやってみなに開かれ、利用されてきたからこそ、あらたな創作が生まれてきたのである。
著作物はむしろ利用されるためにある、これがイチバンのオオモトなのではないだろうか?
著作権は、著作物を生み出した人の財産権として成立している。一定の利用料金を支払って、利用の目的などを問わずに利用しあう、これが、著作物を生み出した人への敬意である。

今ますます、著作権のありようが捩《ねじ》れていないか、と思う。
数年前、ポット出版で発行した『オカマは差別か』という単行本がある。雑誌「週刊金曜日」に掲載された、東郷健の人物ルポにつけられたタイトル「伝説のオカマ」をめぐって、あるゲイ団体がゲイ差別表現だと抗議をしたことに端を発し、その抗議を受けて、編集部は謝罪してあらたな特集をつくった。
しかし、いっぽう「オカマという表現は差別じゃない」というゲイの人たちもいて、彼らからも声があがった。
そこで、週刊金曜日の担当編集者も交えて「オカマは差別か」を議論し、本にした。
そして、この本のなかに、記事になった謝罪特集をすべて掲載したいと「週刊金曜日」に申し込んだが、編集部からは、本の編集方針がよくないので、と断られた。あきらかに著作権をその根拠にしていた。

こんなふうに現場では、著作権の「悪用」がまかり通っている。利用され、多くの人が読めるようにという著作物のイチバンオオモトが、著作権利用の現場でないがしろにされている。
これが、著作物のありようをめぐる、「利用」より「制限」という捩れだと思うのだ。
この捩れが電子化の現場においても、そのまま持ち込まれていないか?
簡単に検索できる、コピペできる、今まで紙の本ではできなかったことがデジタルではやすやすとできる。デジタルの特性を活かす、という視点をもって、電子書籍のありようを考えていきたいと思う。

出版社の未来には困難が横たわっているけれど、出版そのものには可能性のある未来がある。本書では、電子書籍と出版を考えるにおいて、機器や技術をふまえたうえで、出版とはどういうおこないなのか、あらためて根源的な問い掛けをしたいと考えた。

この本は、ポット出版のウェブサイトに掲載したもの、トークセッションや講演などをまとめたものだ。
こうした問いに正面から向きあったものにできたと思っている。

2010年6月18日　沢辺均（ポット出版）

デジタル／ネットワーク化するメディア

電子書籍と出版

2010年代の「出版」を考える

沢辺均（さわべ・きん）
1956年生まれ。ポット出版代表取締役、版元ドットコム有限責任事業組合組合員。

高島利行（たかしま・としゆき）
1965年生まれ。株式会社語研取締役営業部長、版元ドットコム有限責任事業組合組合員、日本出版学会会員。

Google Book Serch、そしてAmazonのKindle、AppleのiPadをはじめとする
電子書籍を読むためのデバイスの登場など、
2010年現在、本そして出版をめぐる状況は大きく変容しつつある。
電子書籍の可能性は？　書き手と出版社の関係は変わるのか？
そもそも「出版」とはどのような営みなのか？
IT企業の経営者であり、アルファブロガーとしても知られる橋本大也、
文芸評論家、フリー編集者として電子書籍を追い続けてきた仲俣暁生と、
早くから出版活動のネット展開を手がけてきた版元ドットコム組合員である
高島利行、沢辺均の4人が、それぞれの立場から意見をぶつけ合う。

（この原稿は、2010年2月1日に「Asagaya/Loft A」で開催されたイベント
「2010年代の『出版』を考える」を収録したものです）

橋本大也（はしもと・だいや）
1970年生まれ。データセクション株式会社取締役会長、デジタルハリウッド大学教授、起業家、ブロガー。ブログ「情報考学─Passion For The Future」（http://www.ringolab.com/note/daiya/）を運営。著書に『アクセスを増やすホームページ革命術』（毎日コミュニケーションズ、1997年）、『情報考学─WEB時代の羅針盤』（主婦と生活社、2006年）、『情報力』（翔泳社、2009年）など。

仲俣暁生（なかまた・あきお）
1964年生まれ。フリー編集者・文筆家。「マガジン航」（http://www.dotbook.jp/magazine-k/）編集人。武蔵野美術大学、横浜国立大学非常勤講師。著書に『ポスト・ムラカミの日本文学』（朝日出版社、2002年）『極西文学論』（晶文社、2004年）、『〈ことば〉の仕事』（原書房、2006年）、『「鍵のかかった部屋」をいかに解体するか』（バジリコ、2007年）など。

●はじめに

仲俣……今日は「2010年代の『出版』を考える」というテーマで、出版や執筆に関わる4名が集まりました。メンバーは、ポット出版代表で版元ドットコム〔*1〕を立ち上げた沢辺均さん。同じく版元ドットコムのメンバーで、語学書と語学教材の専門出版社「語研」〔*2〕の営業担当、高島利行さん。IT企業の経営者であり、書評ブログ「情報考学」を執筆されている橋本大也さん。そしてフリー編集者で「マガジン航」〔*3〕編集人の私、仲俣暁生です。

まず最初に、このイベントを行なうことになったきっかけから話しましょうか。実は僕、去年（2009年）からTwitter〔*4〕を始めたんですが、いろんな人とTwitter上で話をするうち、ここにいる高島さんと大人げないdisりあい〔*5〕になりまして（笑）。そうしたらそれを見ていた沢辺さんから、「そんな言い合いをするならTwitterじゃなく、どこか表に出て、みんなの前でしゃべったら面白いんじゃない?」と言われ、このようなイベントを開くことになりました。最初はたいして人も集まらないのでは、と心配しましたが、なんと告知から2週間で、100名分の席

〔*1〕**版元ドットコム**……出版社自らによる書誌情報の提供・公開、並びに流通改善の追求を目的に立ち上げられた業界団体及びウェブサイト・データベース。試験公開を経て2000年8月よりサイトが正式オープン、2006年4月より有限責任事業組合（LLP）となる。会員社数162社（2010年5月現在）。（http://www.hanmoto.com/）

〔*2〕**語研**……1963年設立。英語をはじめとして、22の国と地域の言葉の学習教材を発行する語学専門出版社。

〔*3〕**マガジン航**……2009年10月に「本と出版の未来」を考えるためのメディアとして創刊されたウェブサイト。（http://www.dotbook.jp/magazine-k/）

〔*4〕**Twitter（ツイッター）**……2006年7月にObvious（オビアス・現Twitter）が開始したインターネット上のコミュニケーション・サービス。ユーザーは140字以内の「つぶやき」を投稿することができる。（http://twitter.com/）
2010年現在、日本のTwitterユーザー数は500万人程度と予測されている。

〔*5〕**disりあい**……「disる」とは、批判、攻撃するの意。英語で反意語を意味する接頭辞「dis」が語源とされている。「disrespect」（軽蔑する）が語源という説もある。

が予約完売になりまして。このテーマに関心を持っている方も多いということで、今日は激動する出版の未来を皆さんと一緒に考えていきたいと思います。

沢辺……では、僕から今日のルールを説明します。本日は、イベントの内容をtsudaる［*6］のはもちろん、ステージの写真撮影・録音・録画、さらにそれらをネットにアップロードすること、すべてOKです。なお、会場から発言があった場合も同様に記録されますので、発言される方はその点は覚悟のうえで（笑）、自由に意見を言っていただければと思います。なお、このイベントで公式にtsudaってくれる人を募集したところ、当の本人の津田大介さんが引き受けてくださることになりました（笑）。またあともうお一人、株式会社28号さんこと畠中英秋さんにもtsudaっていただきますので、よろしくお願いします。

仲俣……それから、今日のライブはストリーミング中継も勝手にしていただいてOKです。公式中継はUstream［*7］で行ないますが、そのほかに「未来検索ブラジル」［*8］の深水英一郎さんがニコニコ生放送［*9］でオンエアしてくださいます。iPhoneをお持ちの方は、ご自身でiPhoneを使ってストリ

［*6］**tsudaる**……シンポジウムなどでの登壇者の発言を、同時に要約しながらTwitterに投稿し続ける行為。メディアジャーナリストである津田大介氏（Twitter ID=@tsuda）が多用したことから、「tsudaる」と言われるようになった。

［*7］**Ustream（ユーストリーム）**……2007年3月に開始されたインターネット上の動画共有サービス。インターネットに接続できる環境であれば、容易にリアルタイムで動画、音声のストリーミング配信することができる。また、視聴者は動画を見ながらTwitterなどのサービスを利用して、コメントを投稿することができる。（http://www.ustream.tv/）

［*8］**未来検索ブラジル**……2003年4月に設立されたIT関連企業。検索エンジンの開発事業やネット生放送番組の企画制作、放送などの事業を行なっている。（http://razil.jp/）

［*9］**ニコニコ生放送**……株式会社ニワンゴが運営する動画共有サービス「ニコニコ動画」のサービスの一つ。視聴者は動画を見ながらコメントを投稿することができる。視聴者へのアンケート機能や、番組宛ての電話も受け付けるなど、視聴者参加サービスが多い。（http://live.nicovideo.jp/）

ーミングしていただいても構いません。Twitter上のハッシュタグ[*10]は「#pub2010」です。ネット中継を見ている方は、ハッシュタグでどんどん質問を送ってください。会場からの質問については最後に質疑応答タイムを設けますが、途中で何か言いたいことがある方は、紙に書いて回していただければ参考にさせていただきます。みんなでどんどんコミュニケーションしていきましょう。
では、残りのお二人にも、自己紹介を兼ねて挨拶をお願いします。
高島……語研の高島と申します。私はものすごく普通の会社員でして、あまり大きくない出版社で営業として働いています。最近、出版業界が「電子書籍」「電子出版」という大きな流れに巻き込まれているのは、いいか悪いかはともかくとして、確かなことだと思います。そのことと、以前から始まっていた出版不況が重なる中で、これから先の10年、出版業界はどう変わっていくのか。正直、予測できない部分のほうが圧倒的に多いでしょうし、最終的に出版社が生き残れるかどうかはまた別の話だと思いますが、出版というのも意外と楽しい仕事なので、私自身はなんとかずっと出版に関わっていきたいなと思っています。今日はそのためのヒントを、皆さんと一緒に考えていければ嬉しいです。
沢辺……ええと、高島さんについては僕からちょっと補足しますね。彼は出版業界の中で最高のExcel使いでして（笑）、POSデータ[*11]の分析能力は業界トップという評判の方です。
高島……ありがとうございます。POSデータについて簡単に説明すると、今、書店は全国に1万数千店あると言われていますが、「書籍を仕入れて販売する」とい

[*10] **ハッシュタグ**……Twitterでつぶやきを投稿する際に付けるタグのこと。あるテーマに関するつぶやきに特定のハッシュタグが付けられることで、検索で容易に発見でき、まとめて読むことができる。

[*11] **POSデータ**……売上実績を単品単位で集計したデータ。販売時点情報管理(Point Of Sales)。販売実績収集、商品の在庫・発注・顧客の管理などを目的に小売、外食、ホテルなど、様々な業種で導入されている。

う業務はものすごく幅が広いので、正確な実数はわかりません。ただ、最近はその中の4,000店くらいはPOSデータが取れるので、大手出版社なら実売の7〜8割がPOSデータで確認できるようになっています。そうなると、今までのようにサンプル調査で拾い出した数字とは違って、かなり実態に近い数字が見えてくるんですね。オンライン書店の実売数〔*12〕も、僕らはだいたい把握しています。

仲俣……それは他社の売り上げもわかっちゃうってことですか?

高島……そうですね、紀伊國屋の「パブライン」〔*13〕とかジュンク堂の「うれ太」〔*14〕のような売上データ提供サービスを使えばわかります。ただ、他社のデータをアテにして企画を立てても、結局はそれと似たようなものしかできないので(笑)、気にしすぎるのもどうかなと思いますが。

仲俣……では次に、橋本大也さんをご紹介します。橋本さんはIT会社の経営者として活躍されるいっぽう、「情報考学」という書評ブログのブロガーとしても有名な方です。実は昨年末に「ビジネスアスキー」という雑誌で、僕と橋本さんと沢辺さんとで電子出版を巡る鼎談をして、「本の未来はどうなるのか」と話し合ったんですが、その直後に「ビジネスアスキー」自体が休刊してしまいまし

〔*12〕**オンライン書店の実売数**……オンライン書店ではAmazonとbk1が無料で実売データを出版社に提供している(Amazonは年額300万円でより詳細な購買データを提供している)。そのほか紀伊國屋書店、ジュンク堂書店が有料で提供しているPOSデータで、それぞれ運営するオンライン書店での実売数も提供されている。

〔*13〕**PubLine(パブライン)**……紀伊國屋書店が1995年より提供している、有料(月額10万円から)のPOSデータ提供サービス。1998年以降の単品の実売部数だけではなく、返品・現在庫、追加の入荷、顧客属性などを全ての書籍・雑誌について見ることができる。(http://publine.kinokuniya.co.jp/)

〔*14〕**うれ太(POSDATA うれ太)**……ジュンク堂書店が2006年より提供している、有料(年額1万円)のPOSデータ提供サービス。出版社へ自社出版物の過去約2年間分の実売部数、返品、追加の入荷情報を提供する「単品管理うれたかな」としてサービス開始。2008年より「POSDATA うれ太」と名称変更し、在庫情報、他社商品の情報も提供している(2010年5月現在)。(http://www.junkudo.co.jp/uretakana/p_Login.jsp)

て（笑）、あれは非常に象徴的な鼎談になりました。では橋本さん、自己紹介をお願いします。

橋本……僕は本業として、インターネット上の口コミ分析［*15］などを行なう「データセクション」という会社を経営してまして、もともとは出版業界の人間ではないんですが、そんな僕がどうして今日ここに呼ばれたのかといえば、さっき紹介していただいた「情報考学」という書評ブログが理由かと思います。実は僕はとても本が好きで、年間500冊以上本を買って、そのうち300冊を読んで、200冊の書評をブログに載せる、というのを6年間続けているんですね。ブログには全部で1,200冊以上の書評が載っていて、一度それが本になったこともあるんですが、ものすごく厚くなっちゃって、世にも珍しい「素人による500ページ超の書評本」になりました。まあ、あまり売れなかったんですけど（笑）。仲俣さんとは、彼が「ワイアード日本版」［*16］の編集部にいた頃から、編集者とライターという関係でお付き合いさせていただいてます。実は大学も同じだったりして、僕自身はずっと先輩のように思っている人です。

沢辺……僕、橋本さんが書かれた『アクセスを増やすホームページ革命術』っていう本を持ってましたよ。

橋本……ありがとうございます。今聞くと詐欺みたいなタイトルですけど（笑）、実はあれ、日本で初めて書かれたウェブマーケティングの本なんです。確か1997年くらいだったかな。日本人が書いたものとしては、すごく早いほうだったと思います。僕は当時、日本最大のウェブマスターのコミュニティを主宰してまして、そこに集まってきた知恵を100集めてできたのがあの本でした。

仲俣……では出席者の紹介も終わっ

［*15］**口コミ分析**……ウェブ上のブログや掲示板などから特定の商品やサービスについての言及を拾い出し、トレンドや評判を分析するマーケティングツール。

［*16］**ワイアード日本版**……米国のインターネット雑誌「WIRED」の日本語版として1994年創刊。編集長は小林弘人（現インフォバーン代表取締役、著書に『新世紀メディア論』など）。1998年休刊。

たところで、そろそろ本題に入りたいと思いますが、最初に今日の会場にどんな方がいらしてるのか、確認してみましょうか。まず出版社の方、挙手していただけますか？　けっこう多いと思いますが……あ、やっぱり多いですね。6〜7割ってところですか。では次にIT・インターネット関係の方。……これもけっこういらっしゃいますね。では次に学生の方。……後ろのほうにちょこっと。あと書店の方は……ああ、少ないけどいらっしゃいますね。

沢辺……それと、図書館の方は？　……あ、2人いらっしゃいました。

高島……取次の方もいらっしゃるみたいですよ。

仲俣……では最後に、作家・ライター、イラストレーターなど、インディペンデントなクリエイターの方は？　……ああ、このへんもけっこういらっしゃいますね。お客さんのだいたいの構成がわかったところで、そろそろトークを始めましょうか。

●出版業界は電子出版をどう見ているか

仲俣……では沢辺さん、まず最初のお題は？

沢辺……そうですねえ。事前に橋本さんから出してもらったネタとしては、「新聞協会が日本版フェアユース〔*17〕に反対した件」、「Kindle〔*18〕向け出版物の著者印税を70％に倍増できるオプションの件」、「ポット出版が新刊書籍と電子書籍を同時に発売する

〔*17〕**フェアユース（Fair use）**……アメリカ1976年著作権法107条で規定された、無断、無料で著作物を利用できる条件。「批評、解説、ニュース報道、授業（クラス・ルーム内の多数の複製を含む）、研究、調査などを目的とする著作権のある著作物のフェアユース（複製物若しくはレコードへの複製、又はその他の手段による利用を含む）は、著作権の侵害とはならない」とされている。2010年1月より文化庁文化審議会著作権分科会で、日本版フェアユースの規定、導入が検討されている。

〔*18〕**Kindle（キンドル）**……Amazon.comが2007年から米国内で販売している電子ブックリーダー。2009年10月から日本を含む海外での販売が開始された。E Ink（イーインク）を使用しディスプレイにコンテンツを表示する形式を採用している。携帯電話回線からネットワークに接続することで、パソコンを介さずに電子書籍をダウンロードできる。

件」、「Amazonの電子書籍に対抗しようと日本の出版社が団結した件」という4つをいただいてます。あとは国立国会図書館が進めている蔵書のデジタル化［*19］の取り組みなんかもアリかな、と思いますが、どれがいいでしょう？

仲俣……うーん、どれもちょっと難しい話ですよね。じゃあ、まず会場の皆さんにKindleについて聞いてみましょうか。日本でもすでにインターナショナル版のKindleが出回ってますが、すでに持ってるっていう方はいますか？　……あ、10人くらいいますね、すごい！

沢辺……だってここ、変な人達の集まりだもん（笑）。この集団が日本社会の縮図ってわけじゃないですよ。

仲俣……そういえば僕と高島さんがTwitterでケンカっぽくなったきっかけも、そもそもKindleに関することだったんですよね。僕が「本をバラして、ScanSnap［*20］でスキャンしてPDF［*21］にして、パソコンやKindleで読んでる人はけっこういっぱいいるよね」って言ったら、高島さんが「それは仲俣さんが見ているタイムライン［*22］が特殊だからであって、世の中でそんなことしてる人はそんなにいない」って言ったんですよ。というわけで、（会場に）ScanSnapを持っていて、本をバラしてPDFにしたことある人、ど

［*19］**蔵書のデジタル化**……2009年6月の著作権法改正により、国立国会図書館では、資料の滅失、損傷、汚損を避けるため、資料の代わりに提供する目的でのデジタル化が可能となった。また、平成21年度第1次補正予算で約127億円の経費が計上されたことを受け、同図書館では現在、大規模な蔵書のデジタル化が行なわれている。

［*20］**ScanSnap（スキャンスナップ）**……富士通が2001年より販売している書類スキャンに特化したパーソナルドキュメントスキャナのシリーズ。高速で書類の両面をスキャンし、PDF形式などで保存できる。

［*21］**PDF（Portable Document Format）**……Adobe Systemsが開発したデジタル化された文書のファイルフォーマットの一つ。閲覧するOSの違いに関わらず、ほぼ元のレイアウト通りに文書を表示することができる。

［*22］**タイムライン**……自分と自分がフォローしているTwitterユーザーのつぶやき一覧。Twitterのホーム画面に表示される。

れくらいいますか?……3人、4人、5人……けっこういますね(笑)。ちょっと説明すると、ScanSnapっていうのは富士通PFUが発売しているA4対応の両面スキャナで、本を断裁して1枚ずつにバラしてフィーダーにセットすると、スピーディに両面をPDFにしてくれて、そのままKindleやパソコンで読める電子書籍ができてしまう、というものです。たしかあのとき僕は、「本をバラしてPDF化する人がいる」ということと、電子出版の話は関係があるよね、って話をしたんだと思うけど、あのときなんで高島さんは怒ったんだっけ?

高島……いや、怒ったわけじゃないんだけど、正直「ホントにそんなにいっぱいいるかなあ?」って疑問に思ったので。本をバラしてスキャンするっていうのは、気持ちとしてはわからないでもないんです。紙の本は検索性という点で弱点があるし、データ化することでモノを保有する負担を減らせるのは確かだから。だから、そういう感覚の人がいるっていうのはわかるんだけど、それが一般的だと言われると、やや疑問があるんですね(笑)。

あともう一つ、自分が電子出版や電子書籍に関して思っているのは、電子書籍がいいとか悪いとかではなくて、「紙の本でもまだ他のソリューション(解決策・解決のための提案)を提示できる可能性はあるんじゃないか」ってことなんです。確かに現時点では、紙の本より電子書籍のほうが優れている部分がいっぱいあるけど、だからといって「紙の本にはもう可能性がない」という話にはならないんじゃないか、と。新たな発想を含めて、紙の本にもまだまだ改善の余地はあるような気がします。

仲俣……つまり、電子書籍の話でよくありがちな「紙 VS. デジタル」とか、「デジタルが紙を滅ぼす」とかいうような話ではない、っていうことですよね。僕もそれはないと思う。ただ、出版社の人はどうしても、ネットにアレルギー反応というか、拒否反応を持ってしまいがちで、彼らに「電子出版」とか「電子書籍」と言うと、それだけで冷たい目で見られる。
でもその一方で、GoogleにしてもAmazonにしても、IT企業のほうは、広い意味での「本」の可能性を非常に高く評価している。だからこそコンテンツが欲しい、と熱い眼差しをおくっているわけですよね。最近になってGoogle Book Searchの集団訴訟［*23］の和解の話や、インターナショナル版Kindleの発売、さらにはiPad［*24］の発売の噂などが続いて、Amazon・Google・Appleの存在が、本の世界にとっても本当に身近なものになってきた。
そんななかで僕が今日、出版社の社長である沢辺さんに聞きたいのは、そういうIT企業の電子書籍ビジネスに対して、出版社の人達はどんな気持ちを持っているのか、ということなんです。たぶん拒否反応だけじゃなくて、「あわよくば」という下心とか、いろいろあると思うんですけど。
沢辺……つまり「出版業界の中で、ITや電子書籍がどういうニュアンスで受け止められていると思うか」ってことですよね。
僕自身は、電子書籍がどうのこうの言う以前に、もともと「既存の出版社がやりづらいところを、むしろ意識してやってやるぞ」って思ってますから、もちろん電子書籍もアリです。そもそもポット出版って、キューバみたいな［*25］とんでもなくゲリラな出版社です

［*23］**Google Book Seachの集団訴訟**……Google Book Searchとは、インターネット企業Googleがインターネット上で提供している書籍の全文検索サービス。Googleは世界各国の著者、出版社と契約を結び、提供される書籍をスキャン、デジタル化し、OCRテキスト認識を進めている。また、Googleは世界各国の図書館とも提携し、蔵書のデジタル化を進めていたが、このサービスが著作権侵害に当たるとして、米国の作家協会、出版社協会が訴訟を起こし、その後2008年10月に和解の合意に達した。

［*24］**iPad（アイパッド）**……Appleが2010年4月に発売したタッチスクリーンで操作するタブレット型端末。発売開始から1ヶ月で100万台を販売。Apple社が運営する電子書籍販売サービス「iBookstore」で電子書籍を購入し、iPadに搭載された電子書籍リーダー「iBooks」で閲覧することができ、電子書籍リーダーとしても注目されている。

から（笑）。ただ、それに関しては最近、かなりびっくりしたことがあってね。ある日、大手出版社の人も交えて6人くらいで打ち合わせした後、軽くビールを飲みに行ったんです。その場には新聞記者もいたんですけど、僕が「今はデジタルがこれだけ普及してるんだから、素直にそれに対応する道を考える以外にない」みたいな話をしたら、そこにいた人に「沢辺さんは甘すぎる」って言われちゃって。彼曰く「IT業界の奴らは他人の会社のネタを使って、自分達だけ儲けを独占しているハイエナみたいなものだ」と。それを目の前で真顔で言われて、僕は本当にびっくりしました。僕はそれまで、出版業界が電子書籍に対してあまり積極的ではないのは、きっとみんな躊躇してるんだな、迷ってるんだなって思ってたんですけど、どうやらそれ以前に、ITに対するものすごいネガティブな感情があるんだな、と感じました。

仲俣……今日集まった中では、橋本さんはIT側の立場でもあるわけですが、この話を聞いてどう思われますか？　実はこのあいだの「ビジネスアスキー」の鼎談で、3人の中で紙の本のことをいちばん強く擁護したのは、橋本さんだったんですよね。僕や沢辺さんは「電子書籍、どんどんやればいいじゃん」と言ってたんですが、橋本さんは「普段ずっとパソコンのモニターを見てるから、本までモニターで読みたくはない、紙の本のほうがいい」と仰っていた。そのへんはどういう感覚なんでしょうか。

橋本……僕は子どもの頃から比較的本をたくさん読むほうだったんですけど、やっぱり読書体験というのは本を読むことそのものだけでなく、トータルで考えないといけないと思うんです。たとえば、僕は本を読んで気になったところは書き写すんですけど、そういう

［*25］**キューバみたいな**……カストロ（Fidel Castro, Dr. Fidel Alejandro Castro Ruz、1926年〜）、チェ・ゲバラ（Ernesto Rafael Guevara de la Serna、1928年〜1967年）を中心に、少人数、奇襲のゲリラ作戦を採ることにより1958年キューバ革命が達成された。

とき電子書籍だったら、コピペで何百行でも簡単に写せますよね。でも手で書く場合は大変だから、まず「どこを書き写すか」ってじっくり考える。そうなると文章が頭に入ってくる度合いも違うし、のちのちその内容を活用できる幅も広くなります。そのほかにも、書店で本を選ぶ面白さとか、読んだ本を戦利品として並べて眺める楽しさとか、そういう体験のすべてが読書体験になっているわけです。
もちろん僕は電子書籍否定派ではありませんし、iPadが出たら買うつもりです。でも、いっぽうで本はそうやってリアルに紙で読まないと「本を読んだ」という気がしないし、何より知識として頭に入ってこないんですよね。言ってみれば、禅の修行で悟りの境地に達するのと同様の状態は、ある種のクスリを使って作り出すこともできるかもしれないけど、それはたぶん禅の人達が達する境地とは違うものなんじゃないか、と。読書も似たようなところがあるんじゃないでしょうか。
仲俣……僕もそう思うし、そう言っていただいて嬉しいと思う出版社の方も多いと思います。でも、先ほどの沢辺さんの話にあったような、出版社のITメディア全体に対する無理解という、偏見についてはどう思いますか？　実際にはウェブサイトやブログや掲示板、今ならTwitterのようなITメディアの中にも、本を読むのと同じくらい面白い体験を提供するものはたくさんあると思うんですが。
橋本……そのへんは、やっぱりメディアの序列みたいなものがあるんじゃないでしょうか。たとえば僕の父やそれ以上の世代だと、就職先候補としてテレビとラジオがあったら、みんなラジオのほうへ行きたかったわけですよね。当時は「テレビなんて」って下に見られていた。でも今は序列が逆転して、テレビのほうが就職先としては上じゃないですか。電子書籍と紙の本のも、単にそれだけのことなんじゃないかなあ。今は社会的に認知されたいと思ったら、一流の出版社から紙の本として出す必要があるけど、将来的には「デキる人は電子書籍で出版して、印税を7割もらうのがカッコよくてエライ」ということになるんじゃないかな、と。今はそこに向かう過渡期なんだと思います。

仲俣……印税の話でいえば、橋本さんはこの前の鼎談でも「印税9割もらえないか」という発言をしてましたよね（笑）。これはまた後半で話題にしたいと思います。

●日本では電子書籍の市場はまだできていない

仲俣……では次に、電子書籍の現状について話しましょうか。実際には、電子出版や電子書籍のビジネスはすでに始まっています。ポット出版は、ボイジャー［*26］の「理想書店」［*27］で発売してますね。僕もボイジャーと一緒に、本と出版の未来を考えるためのメディアとして「マガジン航」というウェブサイトを去年の10月に立ち上げました。といっても「マガジン航」は無料のサイトで、記事を販売しているわけではない。でもiPhone［*28］でもコンテンツとして見やすいようになっているし、これも一種の電子書籍かなと思うんです。そういう「端末で読むコンテンツ」も次第に本っぽくなってきた気がするんですが、

［*26］**ボイジャー**……1992年、米国のボイジャーとのジョイント・ベンチャーにより設立。電子書籍フォーマット「エキスパンドブック」の日本語化を行ない、現在では「.book（ドットブック）」、ビュワーソフト「T-time（ティータイム）」などを開発、提供販売している。

［*27］**理想書店**……ボイジャーが運営している電子書籍の販売サイト。パソコン、iPhoneなどで閲覧できる電子書籍を販売している。（http://www.dotbook.jp/store/）

［*28］**iPhone（アイフォン）**……Appleが2007年6月から販売しているタッチスクリーンで操作する携帯電話機。日本では2008年7月から販売されている。従来の携帯電話にはなかった音楽配信サービス「iTunes Store」、アプリケーション配信サービス「App Store」からコンテンツをダウンロード、再生する機能を搭載。日本でのキャリアはソフトバンクモバイル。

電子書籍を実際に売り始めた出版社の社長として、沢辺さんはそのあたり、どういう感想を持っていますか?

沢辺……いや、もう想像通り、ぜんぜん売れないっすよ(笑)。僕らは2010年1月15日に、2009年夏に出版したインタビュー集『デジタルコンテンツをめぐる現状報告』〔*29〕と、永江朗さんの『本の現場』〔*30〕を、電子書籍版として発売しました。前者は2週間無料でダウンロードできるようにしていたんですが、その期間中にダウンロードされたのが470冊くらい。それに対して『本の現場』の実売数は、昨日までの17日間(2010年1月15日〜1月31日)でたったの20ダウンロード。さらに1月22日には、日経新聞編集委員の方が書いた『日本の公文書』という本を、新刊の発売と同時に発売したんですが、これが昨日までの10日間(2010年1月22日〜1月31日)でわずか7ダウンロード。新刊の紙のほうは補充も比較的目立ちますし、むしろ動きがいいんですけどね。ただ、なかなか面白かったのは、『デジタルコンテンツをめぐる現状報告』を無料ダウンロードできるようにしたら、今度はAmazonで紙の本が売れ出したんです(笑)。

仲俣……その現象は最近、別の本でも話題になりましたよね。NHK出版がアメリカの「WIRED」誌の編集長であるクリス・アンダーソンの『FREE』という本を発売する前に、期間限定・1万部限定で全編を無料公開した。そうし

〔*29〕**デジタルコンテンツをめぐる現状報告**……出版コンテンツの現状把握と未来像を検討した書籍。有志による「出版コンテンツ研究会」報告、5人の現場のエキスパートに訊くインタビューを収録。出版コンテンツ研究会、岩本敏、小林弘人、佐々木隆一、加茂竜一、境真良、柳与志夫による共著。ポット出版より2009年に書籍版(定価1,800円+税/ISBN978-4-7808-0128-6)、2010年に電子書籍版(価格950円+税/ISBN978-4-7808-5002-4)を発売。

〔*30〕**本の現場**……書籍が生み出される現場、読まれている現場を取材し、書籍のいまを記録した書籍。永江朗著。ポット出版より2009年に書籍版(希望小売価格1,800円+税/ISBN978-4-7808-0129-3)、2010年に電子書籍版(価格950円+税/ISBN978-4-7808-5001-7)を発売。書籍版は非再販商品として発売している。

たら無料配布終了後に、紙の本も10万部を超えるベストセラーとなった（2009年11月26日発売／2010年3月時点で9刷り16万部）。そういう例があると「紙の本を売るために、ネットで立ち読み用として電子書籍を配る」というのもアリなのかな、という気がしますね。

沢辺……だけどさ、電子書籍は今後、紙の本と100％置き換わることはないにしても、どんどん普及していくはずだと思われているでしょ。それに対して既存の出版社は何も対応してない、と批判的に言われることも多い。でも、自分とこの電子書籍の売り上げの数字を見てると、他の出版社が電子書籍に対応してこないのにはちゃんと根拠があるんだな、って思うんです。やっぱりまだまだ電子書籍の市場ができていないんですよ。まあ、僕らはゲリラだから、「紙の本を売るために電子書籍を利用しよう」っていう火炎瓶的な攻撃もするけど（笑）、正規軍は火炎瓶の使用を前提にした作戦なんか取らないわけでさ。つまりはそういう事情があるのに、世間では「出版業界は電子出版に後ろ向き」って思われてるみたいで、それはどうなのかなと。少なくともTwitterを眺めてると、僕のタイムラインではそう思われているような気がしますよね。

仲俣……出版社としては、売れない電子書籍の仕事に社員を貼り付かせるわけにもいかないですものね。もともと、ウェブサイトもそうだったでしょう。出版社のウェブサイトのコンテンツが充実しないのは、ウェブ専任のスタッフがいなくて、本業の合間に誰かが、「お前、ウェブが得意そうだからやっとけ」と言われて片手間でやってるような状態だったからじゃないかと思うんです。最近は、さすがに違うかもしれませんけど。今の電子書籍もそれと同じで、現時点では電子書籍専任の社員を雇えるほどの売り上げもなく、そこに先行投資していいものかどうか、どこも確信が持てない状態なんでしょう。

ただ読者の側に立ってみると、「電子書籍で本を読む」という体験自体は、すでにかなり広がっている。少し前、小林多喜二の『蟹工船』が話題になって文庫本がどっと売れたとき、青空文庫〔*31〕のダウンロードランキングを見せてもらったら、『蟹工船』はこの時期、たしかにトップに近い上位に入っていた。でも同時に、夢野久作の『ドグラ・マグラ』が、時期を問わず、つねに10位くらいにランクインしてるんです。ご存知の方もいると思いますが、『ドグラ・マグラ』というのはかなりぶ厚い小説です。紙の本で読み通した人だってそんなに多くないと思うんですが、それを電子書籍として読もうとする人がたくさん、しかも一貫して存在する。このことからも、ビジネスのリアリズムではなく、読者の側のリアリズムからすれば、「デジタルコンテンツで本を読む」という体験は、すでにかなり身近なものになってると思います。そのあたり橋本さんはどうですか、デジタルでは文章はぜんぜん読みませんか?

橋本……いや、デジタルも読みますよ。というか、文字を読む量でいったら、パソコンの画面で読んでいるほうが圧倒的に多いです。ただ、僕が沢辺さんの話を聞いて思ったのは、沢辺さんの電子書籍へのチャレンジはまだ3冊に過ぎなくて、しかもそれぞれかなりマニアックなタイトルでしょう(笑)。その3冊が売れなかったからといって、電子書籍がダメというわけではないと思うんです。ベストセラーって、相当な数の本を出版しなければ出てこないものでしょうし。

高島……ちなみに僕が聞いた話では、これまで電子書籍で特にダウンロード数が多かったのは、コミックスを別とすると、飯島愛の『プラトニック・セックス』〔*32〕とかだそうですよ。

僕も自分がデジタルでは読まない

〔*31〕**青空文庫**……1997年にスタートした、著作権保護期間を過ぎた作品や著作権者が閲覧に対価を求めない作品のデータを無料で公開しているウェブサイト。2010年5月現在、公開作品数は9,022。(http://www.aozora.gr.jp/)

かといえば、ぜんぜんそんなことはなくて、無料でダウンロードできるパブリックドメイン［*33］のテキストなんかは、わざわざ探して読んだりもしてます。今は両面印刷が簡単にできるから、そういうテキストも両面印刷して綴じて、冊子型にして読んだりすると、想像以上に読みやすいんですよね。

仲俣……今のお二人の話はすごく重要なポイントだと思います。そもそも字をたくさん読む人は、絶対に紙とデジタルの両方で読んでいる。紙の本を大量に読む人はデジタルでもたくさん読むし、ネットで文章をたくさん読む人は、紙の本も読んでる。

そんな中で、僕が電子出版のような紙に頼らない流通をもっと広げていくべきだと考える理由は、実はすごく単純なんです。これまでのような紙の本の流通だけだと、やがて本に対するアクセスが制限される人が出てくると思うんですよ。今書店がどんどん少なく［*34］なっていますが、本を読むのが好きな人や得意な人は、かりに欲しい本が近くの書店に置いてなくても、あるいは家の近くにまったく書店がなくても、ネットで本を探すなり通販で買うなりして手に入れることができる。

でも、本に対してそれほどの知識や熱意がない人の場合、身近な場所から書店という環境が失われていけば、ますます手に入れられる本の種類や量が限られていく。書店や流通の側にも問題はたくさんあるわけですが、多様な

［*32］**プラトニック・セックス**……タレントの飯島愛（1972〜2008年）によるノンフィクション自伝。2000年に小学館から出版されて話題を呼び、ミリオンセラーを記録（定価1,300円＋税／ISBN978-4-09-379207-3）。2001年にTVドラマ化、映画化。携帯電話向け電子書籍版が2004年に発売され、電子書籍で初めて1万ダウンロードを記録した。

［*33］**パブリックドメイン**（**Public domain**）……知的財産権の保護期間が終了した、社会の公共物として誰でも利用できる状態にあることを指す。日本の著作権法では、著作物の権利保護期間は著者の死後50年。

［*34］**書店がどんどん少なく**……2001年時点で書店店舗数は20,939店あったが、毎年1,000店前後閉店しており、2008年時点で16,342店まで減少（7年間で4,597店減）している。

読書体験の機会を読者に提供しようと思ったとき、紙の本の流通だけでは非常に選択肢が狭くなっているのは確かなことです。そういう人達に対して、デジタルの形でも本を提供するのは必要なことなんじゃないかと思うわけです。
これは洋書のことを思い浮かべてもらえばわかりやすいと思います。むかし洋書は、洋販という取次会社がもっぱら扱っていたんですが、どれも値段がバカ高くて、若い頃はとても買えませんでした。ところがAmazonができて、洋書が現地並みの価格で買えるようになり、一種の「価格破壊」が起きた。僕もAmazonができてからは、ずいぶんたくさんの洋書を買うようになりました。そして最近は、iPhoneやKindleでも洋書の電子書籍をダウンロードして読んでいるわけです。
こうした経験を通して思うことは一つだけ。「世の中にはこんなにたくさんの本があるんだ、すごいな」ということなんですよ。自分の知らなかったことや読みたかったことが、本になってこんなにもたくさん、すでに世界中で出版されているんだ、という。
これと同じことが、日本語の電子書籍でもできると思うんです。紙の本を扱う書店が減り、多様な本との出会いを読者に提供できなくなっているのなら、出版社はビジネスを多少は度外視してでも、ネットを使ってもっとたくさんの本と出会うチャンスを読者に提供すべきなんじゃないでしょうか。
沢辺……それはつまり、「本へのアクセスの可能性を電子書籍によって拡大できる」ってことですよね。でも、Amazonなどのオンライン書店ができて以降は、本が紙であっても、アクセスの可能性はかなり増えていると思いますよ。
仲俣……それは確かにそうなんですけど、僕が言いたいのは「本にアクセスするための手段として、もっと普通にインターネットを使いましょうよ」ということなんです。
よく、Kindleみたいな電子書籍端末と紙の本を比べて、どちらが優れているか、という比較をされることがあるけど、これはナンセンスな話ですよね。どちらがいいか、じゃなくて、当然どっちもありなんですよ。どうしても読みたい本があったら、町中を歩きまわってその本を必ず本屋で探さなければならない、などというのもおかしな話です。欲しい本はオンライン書店で買ってもいいし、ネットの古本屋で探してもいいし、最終的には電子書籍でダウンロードしてもいい。本と出会うための選択肢は多いほうがいいに決まっている。
ネットに詳しいジャーナリストの佐々木俊尚さんが、出版をはじめとするメディアビジネスの勝ち負けを握るのは、コンテンツでもなければ端末の性能でもなくて、プラットフォーム〔*35〕競争だとよく言いますよね。さっき沢辺さんの話に出た「IT企業にコンテンツを全部持っていかれる」というセリフにしても、ようするに「プラットフォームを握られてしまう」という話をしているんだと思うんです。裏を返せば、それは「いいプラットフォームを提供するのがサービスの根幹である」ということでもある。電子書籍批判派の出版人だって、すでにAmazonなどで紙の本を売っている。もはや情報流通のプラットフォームとして、インターネットが優れていることは間違いないわけです。そう考えれば、コンテンツが読者に最終的に紙で届くか、デジタルで届くかは、あまりたいした問題ではないと思います。

●有料で読む絶対量が減っている
無料で読む比率が上がっている

沢辺……では、ここでちょっと

〔*35〕**プラットフォーム（Platform）**……商品の売買などが行なわれる場、システム全般を指す。Appleは「iTunes」というプラットフォームを作ったことで、音楽配信という分野で大きなシェアを占めることに成功したと言われる。

iPhoneについて聞いてみていいですか？　会場の皆さんの中に、iPhoneを持っている方はどれくらいいらっしゃるでしょう？　……おお、かなりいますね。それでも4割くらいでしょうか。

仲俣……4割もいたらかなり多いですよ。この空間は相当特殊です（笑）。

高島……この間の電子出版の説明会のときも、iPhone率高かったですよね（笑）。世間一般では、もうちょっと低いと思います。

沢辺……いや、実は今、僕がiPhoneの話を持ち出したのは、ちょっと困ってることがありまして。僕は最初に発売されたときにiPhoneを買い、去年の6月からTwitterをやり始めたんですが、その結果何が起きたかというと、それらに費やす時間が増えた分、紙の本を読む時間がなくなっちゃったんです（笑）。今までは長文のメールマガジンとか、届いても読まずにスルーしていたのに、iPhoneで受け取ると読みやすいので、長い文章も苦にならなくて、どんどん読めてしまうんですよね。

一例を挙げると、ウチの著者に松沢呉一さんという方がいるんですが、彼はほぼ日刊で大ボリュームのメルマガを出してるんです。ときには1日3通くらい来ますから（笑）、これを読んでたら仕事にならないし、仕事中にパソコンで読んでいると回りから話しかけられたりもして集中できないので、以前はほぼ毎号読み飛ばしてました。ところがiPhoneに乗り換えてからというもの、僕は彼のメルマガを毎日読むようになっちゃったんです。iPhoneならプライベートな時間帯に、寝っ転がってラクに読めますからね。それに加えてTwitterです。最近はようやく「自分のタイムラインをすべて読まなくても気にならない」という状態になりつつありますが、それまではタイムラインをずっと読んでたので、ものすごく時間を使ってました。

つまり、僕の時間はiPhoneとTwitterに費やされて、その分、紙の本の読書量が減ってしまったんです。以前は寝る前は必ず紙の本を読んでいたのに、今はまずiPhoneでメールマガジンとか読んで、Twitterをチェックして、そのあとやっと紙の本、ですから。もっとも、この経験があったからこそ、僕は「電子書籍もいける、やろう」と思ったわけですけど。

仲俣……じゃあ今度はTwitterやってる人、手を挙げてください……うわ、すごいですね! きっとネット中継を見ている方も、今、ほぼ全員が手を挙げたんじゃないでしょうか（笑）。

実は僕は、Twitterを始めてまだ100日経ってなくて、今日が98日目なんです。それでも「Twitter前、Twitter後」と言えるほど、生活が変わりましたね。Twitterをやりはじめてすぐにi Phoneを買ったことも大きいと思いますけど。

沢辺……また、仲俣さんはよくつぶやいてるんだよね（笑）。

仲俣……今は実験ですね。こういう業界で仕事をしている以上、Twitterで自分の何が変わるのかを確認することは、避けては通れない。もちろん単純にTwitterになにかを書くのも読むのも面白い、という理由もあるし、必要な情報が素早く的確に入ってくるという具体的なメリットもある。そしてもう一つ、これはフリーランスの書き手ならみんな感じてることだと思うんですけど、自分が工夫を凝らして書いているものに対して、少しでも非常に暖かい反応が来ると、やっぱり嬉しいんですよね。書き手と読み手の間を言葉が流れている、ということに対する基本的な信頼を取り戻したような感覚があって。

沢辺……でもよく考えたら、これって僕らの時間がどんどんタダのコンテンツに流れているってことなんだよね（笑）。今、出版業界が危機だとか、本が売れないとか雑誌が潰れたとか、いろんなことが言われてますけど、それは僕らが文章を読まなくなったからではないと思うんです。読んでいる文章量はたぶん以前と変わらないし、ひょっとしたら増えているかもしれない。ただ、その中で「お金を出して読んでいるコンテンツ」の比率がものすごく下がってるんじゃないでしょうか。

高島……メルマガやTwitterはお金出さなくても読めますからね。僕らのように文章で商売している人間からすれば、無料部分の比率が増えているというよりは「有料部分の絶対量が減っている」という感じです。

橋本……でも、出版業界の動向をグラフにしたものを見ていると、部数が減っているのは雑誌や新聞が中心で、書籍そのものはそんなに減ってはいないですよね。

高島……それは書籍の出版点数が増えてるからです。1点あたりの売り上げでみれば、やっぱりだいぶ減っちゃってますね。

●出版業界への参入は容易か

高島……そういえば、これも以前に仲俣さんと意見がぶつかったところなんですが、「出版業界は新規参入がしやすいか否か」という問題について、皆さんはどう考えますか?

実は出版業界は昔から「机一つで起業できる」と言われているくらい、新規参入が容易な業界なんです。もちろん取次の仕組みの問題もあって、新規参入組が老舗の講談社と同じ商売ができるかといったら、残念ながらそれは無理です。でもISBN［*36］は申請すれば取れるし、取次の口座だってトーハン・日販にこだわらなければわりと簡単に用意できる。

［*36］**ISBN（International Standard Book Number）**……国際標準図書番号。世界共通の著作物を特定するための識別記号。著作物を発行するものであれば法人・個人を問わず、申請すれば取得できる。ISBNは番号と書籍が1対1対応であり、番号が振られた世界中の書籍のすべてが特定可能となる。

仲俣さんは「出版業界の敷居は高い」と言うけど、自分はそのことにとても疑問があって、むしろ敷居はものすごく低いと思ってるんですけど。

仲俣……たしかに本を作ること自体は簡単ですよ。DTPで組版［*37］して、印刷所に持っていけば、誰にでも本はできる。作った本を売る方法もたくさんあって、取次に口座を開いて全国流通させる以外にも、コミケで売ってもいいし、本屋さんに直販してもいいし、Amazonで販売してもいい。Amazonなら今後は紙の本だけでなく、セルフサービスの電子出版である「デジタル・テキスト・プラットフォーム」も利用できるようになります。そう考えれば、新規参入はたしかに容易といえるでしょう。

でも、新規参入組が既存の大手出版社と同じような売り方ができるかといえば、決してそうではないわけです。圧倒的な取引条件の差があって、「強いものはずっと強く、弱いものはずっと弱い」という状態が構造化されてしまっています。

僕が期待するのは、今後、電子出版などの新しい流通チャンネルができることで、この寡占状態に風穴が空くかもしれない、ということなんです。今まで弱い立場に立たされていた人たちの力がぐんと強くなって、強かった人たちが、必ずしも絶対的な強者ではなくなる時代が来るんじゃないか、と。

高島……確かに仲俣さんの仰るように、「出版業界は長くやっているところが有利」というのは間違いないと思います。ブランドイメージの確立も含めてね。だとしても、新規参入自体が非常に容易だということは、昔から変わらないんじゃないでしょうか。

僕自身は出版業界に入ったのが

［*37］**DTPで組版**……DTP（Desk Top Publishing）とは、コンピューター上で出版物のレイアウト（組版）を行なうシステムを指す。主なDTPソフトウェアとして「InDesign」（Adobe）、「QuarkXPress」（Quark）などがある。1990年代以降に普及し、印刷物作成の時間、費用のコストを大幅に引き下げた。

今から15年くらい前、いわゆるバブルの後なので、出版業界の景気のいい時代は、直接は経験してないんです。先輩達からは「2,000冊の新刊を（製本所から書店に直接）パレットで搬入した」とか、「札束でボーナス袋が立った」なんて話もさんざん聞かされましたけど（笑）、最近は残念ながら、そういう話はまったく聞かなくなっていますし。でも、今のような不景気な時代でも、ボーナス袋が立つような老舗で働くのを辞めて、やりたいことをやるために独立する人も多いんですよね。つまり、起業自体はしやすいんです。このへんはIT業界にも近いところがあるかもしれませんね。
ただ、起業が簡単でも、その仕事を続けていくのはものすごく大変です。最大の課題はマネタイズ、つまり「仕事をお金に変えていく」こと。沢辺さんもさっき仰ってましたけど、電子書籍の制作自体はとても簡単にできるじゃないですか。加えて電子書籍は在庫のコストも流通のコストもかからないし、それなら紙の本から電子書籍に乗り換えたいと思う出版社も多いはずです。でも、不思議なことにマネタイズを考えた場合、実際の「本」という形がないと、利益確保がものすごく難しくなってくるんですよね。
沢辺……電子書籍は新規参入組の突破口となる可能性があるけれど、お金に換えていくのは難しい、と。
仲俣……新規参入組の突破口という意味では、流通方法は電子出版に限らず、紙の本の自主流通でもいいと思うんですけどね。たとえば全国4,000店の書店と直に取引しているディスカヴァー・トゥエンティワンがよく話題になります。やや偏ったタイプの本かもしれませんが。
高島……でもね、酔っぱらった勢いで言っちゃうと、みんな自主流通とか電子書籍対応とかでディスカヴァーのこと褒めますけど、「じゃあ、あなたは実際にディスカヴァーの本を買ってるんですか?」

って聞きたいです（笑）。

沢辺……そうだねえ。仲俣さんは「偏った本」とか言っちゃうし（笑）。

仲俣……ただ、僕はフリーの編集者として出版企画に立ち会う機会が多いんですが、ここ1〜2年、打ち合わせのなかで「ディスカヴァーの本みたいにしたい」という話が出ることが、すごく多かったんです。「ディスカヴァーっぽく」というのは判型などもあるけど、文字がぎっしり詰まった本じゃなくて、情報を圧縮してあり、一目で「見てわかる」本、読み終えるのに時間がかからない本、っていうことだと思うんです。

沢辺……まあまあ、そうやって各論に入っちゃうと、言いたいことや言えないことがたくさん出てきちゃうから、今日は各論はやめましょうや（笑）。

●電子出版とマネタイズ

沢辺……というわけで本題に戻すと、さっき高島さんが仰った「起業は簡単だけど儲けるのは大変」って話ね。これは別に出版業界だけじゃなくて、すべての業界に当てはまる話なんじゃないですか？この「Loft」だって、1号店ができた頃は「こんな店が長続きするわけない」って思ってたけど、今は都内に4軒もあるわけだし。

仲俣……じゃあ、そのマネタイズというか、起業の観点からみた電子書籍の可能性について、橋本さんに伺ってみましょうか。

橋本……僕が思うに、電子書籍が売れないのは、そこに新たな付加価値がないからじゃないでしょうか。今の電子書籍は、単に紙の本をバラしてスキャンしただけでしょう。これでは何も付加価値がないどころか、紙の本の価値を半減させているともいえるわけで、たいして売れないのは当たり前です。出版業界全体で、電子書籍というコンテンツの形自体の変革を考えるべきだと思います。

仲俣……僕がさっき言いたかったのもそのことです。「ディスカヴァーの本の形式に対して興味をもつ人が多い」と言いましたが、これは「人が読書体験に求めるものが多様化している」ということだと思うんです。たとえば「本は読まないけど、Twitterのつぶやきは読む」という人はたくさんいるし、僕らだってTwitterはよく見ているわけでしょう。そういう「本ではないメディア」に日々接している人に対して、今まで通りの紙の本とは違った形でコンテンツを提供する必要があるのではないか。そうすることによって、マネタイズの方法も見つかるかもしれない。

高島……でも、電子出版でどういうコンテンツを作れば売れるのか、その方法論はまだ見つかっていないでしょう。残念ながら、現時点で（エロとコミックを除けば）電子出版の成功例は出ていないわけで。それこそが、出版社が電子出版に積極的になれない、最大の理由だと思うんです。

たとえば、これは電子出版とはちょっとずれるんですが、ウチの会社では語学テキストの音声教材をウェブサイトにアップロードして、無料で公開しています。これは「音声は無料であげるから、テキスト買ってね」という作戦なんですが、なかなか期待通りの流れにはなっていきませんね。ただ、語学のジャンルでは、こういった「無料音声と有料テキストの組み合わせ」というのは、昔から一つの大きなビジネスモデルだったんです。NHKの語学番組をイメージしてもらえればわかると思いますが、テレビやラジオの放送自体は無料で、有料のテキストを買わせることで収入を得る。昔は旺文社も「百万人の英語」とか「大学受験ラジオ講座」とかやってたでしょ。今はなくなっちゃいましたけど、あれ、もったいないですよね。今みたいなインターネットの時代だったら、ポッドキャストとかストリーミングとか使って、ラジオよりぐんとローコストでできたはずなのに。……といっても、それでペイするかどうかはわからないですけどね。沢辺さんなら「そんなものやったって、なかなか人は集められねぇんだよ」って仰るかな（笑）。

沢辺……ちなみに今、Ustreamのストリーミング中継はどのくらいの人が見てるんですか？　……550人？　ええーっ、すごいじゃないですか。

高島……ほんとだ。せいぜい二桁だと思ってました。

仲俣……僕は100人は来るかなと予想してたけど、そこまで多いとは思わなかった（笑）。会場に来てくれたお客さんと合わせると、今700人くらいが我々の話を聞いてるわけですね。……というわけで、さきほどの話については橋本さん、いかがですか？

橋本……今の話をIT業界に置き換えて考えれば、ケータイやゲームの世界でも、儲かる方法が見つかるまでにはいろんなやり方が試されてきたわけですよね。たとえばケータイゲームなら、今の主流は「アイテム課金」でしょう。電子書籍にも、アイテム課金とかあってもいいんじゃないですか？

高島……そうですね、アリだと思います。あとさっきも話したけど、NHKの語学番組のように「紙の本と別のものを組み合わせるビジネスモデル」も、すごく面白いと思います。あれ、インターネットと紙の本でも応用できるんじゃないでしょうか。たとえばパソコンやインターネットを使った「eラーニング」という学習方法がありますが、デジタルツールだけで勉強するのって、実はあまり効率的ではない気がするんですよね。勉強にはちょっとした不便が必要というか、「自分の手で書く」という行為がないと、やっぱりなかなか覚えられない。実際、（有料の）eラーニングってさほど成功例がないですし。その点、紙の本は不便だからこそ身につくというメリットがあるわけで、それをネットと組み合わせれば、まだまだ可能性はあると思います。

橋本……紙との連携という意味では「ゲームと攻略本」もいい関係だと思いますね。そもそも電子ゲームの始まりは、卓球ゲームのメタファーの「PONG」[*38]ですが、これは攻略本が要るようなゲームではありませんでした。その後に欧米で「Ultima」[*39]や「Wizardry」[*40]っていうRPG（ロールプレイングゲーム）が出てきて、それを日本人がマネして作ったのが「ドラクエ」[*41]と「ファイナルファンタジー」[*42]。そのあたりからマーケットがわーっと広がって、攻略本も次々と発売されるようになったわけです。RPGと攻略本って、まさに一体化できるものですから。

沢辺……ただ、僕としては電子書籍自体がゲーム化するのは避けたいかな。昔「ゲームブック」ってあったでしょ、途中でいくつも選択肢が用意されてて、結末が分かれてる本。ああいうのは、たとえ電子書籍でも本には似合わない気がする。最初から最後まで、ひと続きに流れるものであってほしいですね。

[*38] **PONG（ポン）**……北米のビデオゲーム会社ATARI（アタリ）が1972年に発売したアーケードゲーム。世界で初めてヒットしたビデオゲームと言われる。

[*39] **Ultima（ウルティマ）**……イギリス出身のゲーム製作者リチャード・ギャリオット（Richard Garriott、1961年〜）によるビデオゲームシリーズ。1980年に第1作が発売され、ファンタジーの世界観と見下ろし型の2Dマップはドラゴンクエストやファイナルファンタジーなど日本のRPGにも影響を与えた。

[*40] **Wizardry（ウィザードリィ）**……アメリカのSir-Tech開発のビデオゲームシリーズ。第1作は1981年に発売。3DダンジョンRPGの先駆け。

[*41] **ドラクエ（ドラゴンクエスト）**……エニックス（現スクウェア・エニックス）発売のビデオゲームシリーズ。ウルティマやウィザードリィの影響を受けて1986年に第1作が発売されて以降、メインシナリオ・堀井雄二（1954年〜）、キャラクターデザイン・鳥山明（1955年〜）、音楽・すぎやまこういち（1931年〜）のメンバーのまま2010年現在もシリーズが続いており、国内累計で3,000万本以上を売り上げている。

[*42] **ファイナルファンタジー**……スクウェア（現スクウェア・エニックス）発売のビデオゲームシリーズ。1987年に第1作が発売されて以降、2010年現在もシリーズが続いており、国内累計で3,000万本以上を売り上げている。

橋本……いや、それはまだクリエイターが育ってないだけじゃないかな。トライアルを重ねれば、いい作品も出てくると思います。

沢辺……ああ、そういうことかもしれないですね。あともう一つ、僕が電子書籍を作っていて感じるのは、「編集者がいかに書籍を構造化文書にしてないか」ってことね。電子書籍って、HTMLにしろSGMLにしろ、文章が構造化〔*43〕がされていないと非常に作りにくいんです。電子書籍を視野に入れる場合は、本を作る段階で構造化をきちんとやらないといけない、と思うようになりました。

仲俣……電子書籍を含めた本の未来を考えるとき、やめたほうがいい思うのは、「小説や文芸を真ん中に置いて考えること」です。本の話をすると、いつもかならず小説や文芸のことが真っ先にイメージされるけれど、実はそれはおかしい。文学なんて実際に出版されている書籍のごく一部にすぎないわけで、出版ビジネスのメインは実用書や教科書その他の、構造化されたテキストをもつ本です。なんらかの構造をもった実用性のある本は、一部だけを抜き出して使うこともできるから、電子書籍にもしやすい。これらをどうやってマネタイズしていくのかが、今後の具体的な課題になってくると僕は思います。

●出版業界は変われるか

沢辺……ところで、先ほど仲俣さんが「デジタル化が本へのアクセスを増やす」という話をして、僕がそこに突っかかったわけですけど、実は僕自身も「デジタル化によってアクセスが増える可能性」について肯定する部分はあって、

〔*43〕**HTML（HyperText Markup Language）／SGML（Standard Generalized Markup Language）／文書の構造化**……SGMLは、<>で囲ったタグで文書の構造を示す言語で主に学術論文のために考えられた。HTMLはSGMLを元とした、ウェブページを作成するためのタグ付き言語。電子書籍はビュワーで表示させるためにテキストの構成要素（例·本文、大見出し、小見出し、注釈など）ごとにタグをつけるので、構造が明確な文書であることが望ましい。

その一つが日本版Google Book Searchの立ち上げです。日本で発行されている本がすべて一つのデータベースに登録されていて、その全文が検索でき、中身も全体の20%くらい読めて、それ以上読みたければその場で購入できる、という。もちろん、その仕組みができたからといって、それだけで本が2倍、3倍と売れるわけではないと思うけど、そういうことに対して出版社が前向きに取り組むことこそが、これからの出版業界には必要なんじゃないかと。今の出版社は「電子化の波の中でオタオタしているくせに、著作隣接権〔*44〕が欲しいとか言っちゃって、自分達だけ権利を独り占めしているようなこすっからしい奴ら」というイメージですよ。日本版Google Book Searchは、そのネガティブなムードを変え、なおかつ本へのアクセスをより豊富にする可能性を持っていると思うんです。だから僕は、ぜひ日本版Google Book Searchを実現したいんですが、皆さんはどう思われますか?

仲俣……大きな出版社こそ、実験的なことをやってほしいですね。「ここは新しいことをやっているな」と思うから読者も応援したくなるのであって、大きな会社が既得権にしがみついて守りに入っているだけだったら、見ているほうも萎えてしまう。結果としてそれは、本というメディアに対するエキサイティングな気持ちをどんどん失わせていくだけだと思うんです。

逆にGoogleやAmazonなどのIT企業の動きを見ていると、まだ日本での本格的なサービスがほとんど始まっていないにもかかわらず、面白いことをしているな、と思ってしまう。それは彼らがどんどん前に向かって走ってるからですよ。もちろん、最終的には日本での利益を総取りしようと企んでいるのかもしれないけど、そうい

〔*44〕**著作隣接権**……著作権法上で認められている著作権に準ずる権利。著作物の実演者（歌手、俳優など）、レコードの製作者、放送事業者、有線放送事業者に認められている。出版社には著作隣接権は認められていない。

う「新しい体験」を提供してくれるものに対して、若い世代や新しいモノが好きな人は興味を持って当然ですよね。その点で、出版社はIT企業に大きく後れをとっている。もしかしたら、出版社でも新しい取り組みをはじめているのかもしれないけど、外から見ていると、あまりにも後ろ向きに見えてしまいます。

高島……既得権益がある出版社がなかなか変われない中、出版を取り巻く環境が大きく変化しつつあるというのは、まさにその通りだと思います。「出版社は変わらざるを得ない」というのは、ウチも含めてこの業界の人間なら誰でもわかってるとは思うんです。だけど、「こうすればうまくいく」っていう成功事例が出てこないものだから、具体的にどうすればいいのかわからない。「コレがダメだ」って話はイヤってほど聞くんですけど、ポジティブな話がぜんぜん出てこない。だから、たとえば沢辺さんに電子書籍を勧められても、なかなか乗りきれないところがあるんです。

仲俣……でも、小林弘人さんが『新世紀メディア論』〔*45〕でいみじくも言ってましたけど、もし出版ビジネスを成功に導けるような方法論を持っている人がいたら、それは他人には言いませんって。

もしかしたら、ここにいる橋本さんだって持ってるかもしれませんよ（笑）。

ただ、秘密のビジネスモデルは人には言えないとしても、「これに相乗りしたら、みんなで一緒に儲かるね」というような仕組みは、きっとあるはずだと思うんです。たとえばインターネットなら、ユーザーが増えればネットワーク外部性が働いて相乗効果を上げるという、すでに証明された仕組み

〔*45〕**小林弘人／新世紀メディア論**……1965年、長野県生まれ。株式会社インフォバーン代表取締役CEO。「ギズモード・ジャパン」をはじめ、様々なウェブサービスを立ち上げる。2009年発売の著書『新世紀メディア論』（バジリコ刊／定価1,500円＋税／ISBN978-4-86238-129-3）では新聞・雑誌といった既存メディアの特権的な時代は終わり、これからは意志があれば誰でもメディアを持つことが可能だと論じた。

がある。本だってもともとは、そういう意味でのネットワーク・メディアだったはずです。たとえば、本をたくさん置いてある書店にはたくさんの人が買いに来て、そのことでさらに多様な本が置かれるようになってきた。どこかから、そういう具体的な提案が出てくるといいんですが。

沢辺……いや、それは違うよ、そんなものあるわけないじゃん（笑）。未来のことなんて、誰もわかんないんだから。何をやればうまくいくかなんて誰もわかってない、それだけの話ですよ。「こうすればうまくいく」なんて提案、なくて当たり前でしょうが（笑）。

橋本……でも、今の状況を逆手に捉えれば、大手が動かないっていうのは、ベンチャーにとってはものすごいチャンスなわけですよね。大企業はこれまで引きずってきたものや過去の成功例があるし、カニバる（＝他社と競合する）ことへの不安もあって、なかなか踏み出せずに躊躇している。その間に、我々フリーやベンチャーの人間が飛ばないと。飛んでコケたら確かに痛いけど、僕らは会社頼みの大企業社員と違ってサバイバビリティがあるから、いったんコケてもいくらでもやり直しがきくんです。そういう意味では、ベンチャー企業から積極的に動くべきだと思います。

あと、さっき沢辺さんの話で出たGoogle Book Searchの話。出版社はみんな大反対してるけど、あれって本当に脅威なんですかね？　小説や文学の中身が検索できるようになったとして、それ、研究者以外に使う人っているのかなあ。我々にしたって、特定のデータベースサービスはほとんど使ってないんです。Google Book Searchのデータが一般の検索にもひっかかるというなら、多少は使う人も増えるのかもしれないけど……。（会場に）Google Book Searchにアクセスしたことある人、いますか？　……あ、2割くらいいますね。

沢辺……じゃあ「まあまあ使ってます」って人いますか?　……ほら、いないんだよ(笑)。結局、何の脅威でもないと思いますね。

●電子書籍に適したコンテンツとは何か

仲俣……深水さんによれば、今、ニコニコ生放送でも700人くらいの方が見てくださってるようですが、その中から質問が来ています。「電子書籍だからこそ可能な本って、どういうジャンルだと思いますか?」

高島……あ、それ、この間明和電機(家電製品のようなアート作品を生み出す二人組のユニット)の方のTwitterでも出てたな。その人は「自分の家族が犯人のミステリー」って言ってました。登場人物の名前を、ユーザーごとにその人の家族の名前に変えることができるやつ。すっごいおもしろいと思いました。

沢辺……でもそれ、すでに絵本で同じようなのがなかったっけ?　主人公の名前を、自分の子どもの名前にできるの。それが流行ってるかっていうと、それほどでもないような気もするけど。

仲俣……いやいや沢辺さん、今はどんなアイディアが考えられるかを話してるわけだから、ネガティブなことばかり言ってちゃダメですよ(笑)。

沢辺……でも、今のはそもそも質問の立て方が間違ってるんじゃないかな。さっきも「電子書籍のコンテンツのあり方を根本的に考え直して、新たなコンテンツを生み出さなきゃいけない」って話が出てたでしょう。そう考えると、「既存の本のジャンルの中で、何が電子書籍に合ってるか」っていうのは、そもそも本質からズレた質問ではないかと。

仲俣……質問の方が言ってる「ジャンル」って、そういう意味じゃないんじゃないかな。ジャンルって、つまりはマーケットじゃないですか。さっきの橋本さんの言葉を借りれば、「PONG」で始まった電子ゲームからRPGという新しいジャンルが生まれて、それが現在のような一大マーケットを作りあげた。それと同じように、電子書籍にも「新たなマーケットとなり得るコンテンツのあり方」が存在するんじゃないか、という質問だと思うんです。たとえばAppleもiPadで、「Kindleが提供しているような、活字の本をそのまま再現する体験」とは違うエクスペリエンスを提供したい、と言ってます。ただ、それに対しては「電子書籍って、活字のほかに絵や映像が入ってればそれでいいのか」と突っ込みたくなります。それも最早、ある種古風な発想だと思うんですよ。

高島……僕個人の意見でいえば、「電子書籍にできて、紙の本にできないことは何か」と考えるなら、もっとも大きな要素はインタラクティビティだと思うんです。MacintoshのHyperCard［*46］を初めて触ったときも、何より衝撃だったのはインタラクティビティでした。当時はまだインターネットが普及してなかったし、HyperCardもMacintosh上だけで完結するソフトだったんだけど、あの双方向性はそれまでのメディアにはなかったものでした。とはいっても、マルチメディア的なものがすべて成功したかといえばそういうわけでもなく、CD-ROMマガジンみたいにうまくいかなかったものもあるので、一概には言えないですが。

沢辺……でも、それはジャンルというよりも、本の利用の仕方の問題なんじゃない？　僕に言わせれば、電子書籍の生きる道は、本の中身よりむしろ、その利用形態において新しい方法を提供できることにあるんじゃないかと思います。たとえば自分で買った本、これは今後は現物そのものではなく「アクセス権を入手した本」になって

［*46］**HyperCard（ハイパーカード）**……1987年にAppleが開発した、Hypertextの概念を実現したソフトウェア。テキストや画像を配置できるカード同士を、ボタンを活用し手軽にリンクさせることができ、最初期のマルチメディアオーサリングツールとして知られている。

いくと思うけど、それを自分専用のデータベースにつっこんでおくと、フォルダごと全文検索できるとか。あと、いちいちハードディスクにダウンロードするのではなくて、どこかのサーバに保存しておくとかね。後者については、AmazonがKindle用に販売したジョージ・オーウェルの『1984』を、著作権法上の問題でユーザーに無断で遠隔削除して高校生に訴えられた、ってトラブルもありましたけど。

橋本……僕が電子書籍でイケると思うのは、ピンクコンテンツですね(笑)。iPadは青少年のナイトライフをイノベーションするデバイスになるんじゃないかと思ってます(爆笑)。だって、iPadならベッドの中に隠れて読めるし、要らなくなったら消せるでしょ。それなりにユニークなエクスペリエンスを提供するわけですから、そこにお金を出す人も多いと思います。あともう一つは電子辞書でしょうね。若者はiPadを「電子辞書だ」と言い張って親に買わせて、ピンクコンテンツもじっくり楽しめばいい(笑)。

いずれにしても電子書籍では、デジタルネイティブと言われるような若い人達がむさぼり読むようなものを提供するべきなんですよ。我々のような35歳以上のニーズをマーケティングしてもダメな気がします。

沢辺……おじさんに発言権はないってわけね(笑)。

高島……でも、電子辞書にコンテンツを提供している側からひとこと言わせてもらえば、今、電子辞書のコンテンツの価格って、ものすごく下がってるんですよ。最近は一つの電子辞書の中に100冊以上の辞書が入ってるでしょう。それでいて、本体の値段は昔とそんなに変わらない。つまり、そのぶんコンテンツ1本あたりの価格は下がってるんです。もう、ホントに「こんな値段なの?」ってびっくりするような値段ですからね。

●印税率9割は実現可能か

仲俣……ではこのへんで、会場からの質問があれば受け付けたいと思いますが、いかがですか？　……そちらの方、どうぞ。

会場……今日、会場内にはたくさんのiPhoneユーザーがおいでのようですが、iPhoneで新聞を読んでいる方って、どのくらいいらっしゃるでしょうか。

仲俣……会場の皆さん、いかがですか？　……意外といますね。10人、15人くらいかな。

会場……ありがとうございます。実は、私自身は印刷された新聞を読んでいる人間なんですが、知り合いなんかに聞くと「新聞はiPhoneで読んでる」っていう人がけっこういるんですね。でも、それってどうなんだろう?と思うんです。物体としての印刷物を作るにあたっては、印刷屋さんとか校閲さんとか、いろんな方が関わっているわけですよね。電子化は、そういう方々の労苦を無にしてしまう側面もあるんじゃないかと。それに、印刷媒体はそれがそのまま歴史になり、国会図書館にも保存されるものです。そういうものがすべて電子化されてしまうという事態に対して、私達はどう考えればいいんでしょうか。

沢辺……ええと、申し訳ないですけど、そういう人には死んでください、としか言いようがないです（笑）。今ここで浪花節を言っていてもしょうがないんですよ。そもそも、僕らはすでに写植屋さんや製版屋さんを潰してきてるんです。燃料だって今はみんな石油で、石炭使ってる人なんていないでしょう（笑）。石炭業界には申し訳ないけど、今さらそれをセンチメンタルに語っても、何の意味もないわけで。むしろ今僕らが真剣に考えるべきなのは、「出版業界自身も石炭業界になり得る可能性を持っている」ってことです。印刷屋さんとか校正者のことを慮る以前に、我々自身がまさにそのど真ん中にいて、この一連の変化によってなくなるかもしれない、ってことを自覚しなければならない。その結果、世の中に見放されて「出版社は退場していいですよ」って宣告されたら、これはもうしょうがないとしか言いようがない。
これは決して今の立場を守りたくて言ってるんじゃないですよ。むしろ、僕らはゲリラのつもりですからね（笑）。なんとかキューバの海岸まで船でこぎ着けて、絶対ハバナに行くぞって思ってるわけです（笑）。だけど、今いる場所はボリビアかもしれなくて（笑）［*47］、ここから抜け出せないまま、世間から見放されて死んでしまうかもしれない。……という覚悟を持ったうえで、それでも僕らはキューバを目指すしかない。今さらそんな浪花節な考え方はやめたほうがいいと思います。

橋本……じゃあ、次は僕から問題提起していいですか？　前半にもちょっと出た「印税9割論」についてなんですが。
僕は出版社は大好きなんですが、そのいっぽうで「出版社と取次と書店が介在しない情報流通モデル」があってもいいんじゃないかと思っています。つまり、読者と書き手を情報仲介者がつなぐという、シンプルなモデル。インターネット上ですでにある程度の人の流れはできているし、これはそんなに不可能なことではないはずです。その結果、印税率9割というのも可能になるんじゃないかと思うわけです。

沢辺……印刷屋と校正者だけでなく、出版社も殺してしまえという話ですね（笑）。

橋本……というか、僕が言いたいのは、そもそも書籍において価値創造をしてるのは誰か、という話なんですよ。僕はどう考えても書き手だと思うんです。なのに、肝心

［*47］今いる場所はボリビアかもしれない……
ボリビアはキューバ革命成功後にチェ・ゲバラがあらたな革命を目指した地。ゲバラは1967年にボリビア人の通報により政府軍に捕らえられ処刑された。

の書き手が利益の1割しか取れていない。これはベンチャーの経営者からみたらあり得ない話です。経営というのは、価値を創出している人が利益のほとんどを持って行くのが当然なのに、出版の場合はたった1割しかもらえてなくて、しかもその配分は長年ずっと変わらない。そのうえ本が売れる著者でもほとんど同じ割合というのは、いったいどういうことなんだと。

仲俣……今の話について、ちょうど僕の目の前にノンフィクション作家の西牟田靖さんがいらっしゃるので、ちょっとご意見をいただけますか?

西牟田……僕としては、印税率はともかくとして、基本的には今後も出版社と契約して本を書くというスタイルを取っていきたいと思っています。やはり編集者というフィルターを通さないと、著者はとんでもないことを書いてしまう危険があるし、何かあったとき防波堤になってくれるのも編集者ですから。出版社に守ってもらいたいという気持ちはありますね。ただ、印税率10%については、正直もっと上がらないかなーとは思ってます。長年の慣習ですから、なかなか変えにくいのかもしれませんが。

仲俣……西牟田さんはすばらしいノンフィクション作家ですが、今ノンフィクションの分野は「月刊現代」をはじめ、舞台となる雑誌がどんどんなくなり、単行本でいきなり勝負しなきゃいけない人が増えつつあります。そうなると取材費も出ないし、最終的に本になったときに入ってくる印税も1割しかないとなると、ノンフィクションという表現活動自体がやりにくくなってしまう。本当は取材を含めた作家の日常活動に対してお金が動くのが、一番の理想なんですけどね。

橋本……いずれにしても、1冊の本を作るうえでもっとも価値創造をした人が、一番多く利益を得るべきだと思うんです。ただ、今の出版業界はそれ以前に不合理な制度が多すぎる。まず再販制度［*48］があって、価格というもっとも商売で重要な要素が変えられないし、返品も4割近い［*49］。外から見れば何じゃそりゃ、ですよ。著者はそういった不合理な制度に乗っかって出版しなければならないわけで、ある意味、出版業界に搾取されているといえます。

高島……搾取と中間業者、って感覚ですかね。

橋本……いや、搾取っていうのは違うか。出版社側に搾取する意志があるわけじゃないですからね。著者が割を食っているというのが正しいかな。

あと、そのことに対して著者側にあまりに交渉力がないのも問題ですね。著者がきちんと収入を得て生きやすくなれば、その人の生み出すコンテンツはもっと面白くなるはずなんです。日本のコンテンツを活性化させるためには、著者が「年に1冊ずつ、数千部売れる本を書いたら生活していける」というくらいの印税を確保できるよう、エコシステムを構築すべきだと思います。

仲俣……僕も同感です。今の出版業界は既存の仕組みを変えないままで、電子出版もふくめた新しいエコシステムを作ろうとしている。その中で出版社は従来と同じだけの利益を得ようとするから、しわ寄せが全部本来の価値創造者である著者に行ってしまって、その結果、エコシステムの働きが弱まってしまってるんですよ。

橋本……もちろん、編集者や出版社が価値創造をしているのであれば、その分は取っていいと思うん

［*48］**再販制度（再販売価格維持制度）**……1953年に独占禁止法の例外措置として導入された、商品の製造者が小売価格を拘束できる制度。書籍、雑誌、新聞及びレコード盤、音楽用テープ、音楽用CDの6品目に認められている。あくまで「認められている」だけなので、非再販商品として販売することも可能。また、公正取引委員会はDVD付き書籍などの複合商品について再販制度の対象外という見解を示している。

［*49］**返品も4割近い**……2008年の書籍の返品率は部数基準で42.6%、金額基準でも40.1%あり、1997年頃以降40%前後で推移している。雑誌の返品率も35%前後で推移しており、上昇傾向にある。

です。ただ、現状では紙で流通させるっていうところにコストがかかっていて、そちらが優先されちゃってるんですよね。

仲俣……僕も編集者や出版社だって価値創造はしてると思いますよ。だけど、出版社が再販や返品など従来のシステムを変更しないことによるしわ寄せは、明らかに出版社の中ではなく、外側に行っている。今は著者だけでなく、書店もとても厳しいと思うんです。そんななかで、電子書籍が唯一の解決策になるとは思わないけれど、少なくともこのまま何も変えずにいたら、本来の価値創造者である著者が、出版社から離反してしまいかねない。「電子出版は儲からないかもしれないけど、すべてを自分で決められる分、デジタルのほうがいい」と著者が考えてもおかしくない。そうなったら、出版社にとっても取り返しのつかないことになります。

沢辺……僕は皆さんとは違って、「印税9割論」には反対ですね。だいいち、著者が印税だけで食えてた時代って、いったい何年くらいあるんだよ?と。第二に、小林弘人さんの本を読んでみなさいよ、と。彼が言っているのは「誰でもメディア化」です。インターネットによって、誰もが発表の場を持てるようになった。橋本さんが言う「著者一人で出版できる」というのも、この「誰でもメディア化」の範疇といえますよね。そんな中で、出版社は従来のような「本屋さんを通して本を流す」という商売だけでは通用しなくなってしまった。だから、出版社が危機であること自体は間違いないです。でもいっぽうで「誰でも著者になれる状態」は、言い換えれば「書き手が増えて読み手が分散する」ということですから、著者一人あたりの取り分はどんと減るんですよ。実際、今の僕が読んでいる文章のほとんどは、メルマガやTwitterのように無料のものです。これらを読むために、僕は紙の本を読まなくなっている。つまり、その分著者に流れるお金も減ってるってことです。

橋本……確かに、面白いモノを生み出すために屍がたくさん出るのは避けられないことでしょうし、ほとんどの人が儲からないモデルになるのも仕方ないのかもしれません。でも、せめて実力のある人達の取り分だけでも増やせないものでしょうか。だって今、ライターの多くは何か副業を持たないとやっていけない状態でしょう。本人にある程度の才能があれば、執筆活動だけで生きていけるようにしてあげるというのも重要という気がします。

仲俣……この点について、会場から何かご意見はありますか?「ACADEMIC RESOURCE GUIDE」の岡本さんがいらっしゃいます。どうぞ。

岡本……「ACADEMIC RESOURCE GUIDE」編集長の岡本真です。私ももともと編集者でしたが、10年前に「この業界は斜陽だから辞めよう」と思い、昨年夏までの約10年間はIT企業に勤めて、「Yahoo! JAPAN」の運営に携わっていました。ただ、私は12年前に「ACADEMIC RESOURCE GUIDE」というウェブサイトを立ち上げて以降、毎週メールマガジンを出し続けています。その意味では今でも編集者なわけですが、その関係でいろいろ仕事が来るんですね。そこで得た収入は、普通に本を書いて出版するときの印税に比べて、明らかに高いんです。つまり出版業界では、著者はごく一部のがんばった人がようやく10%もらえる程度で、いくらいい原稿を書いても本が売れても、印税率が大きく上がる仕組みは用意されていない。すなわち、そこには何の競争原理も働いていないわけです。こんな状態では、腕に覚えのある著者が「本を書くよりアルファブロガーになったほうがいい」と考えて、インターネットに流れていくのも当然だと思います。

もちろん、出版社側がそれでいいならいいし、最終的にそれが原因で滅びるなら滅びればいいと思うけど、私が言いたいのは「著者の立場に立ったとき、そこに何の競争原理もないということについて、皆さん自身が著者だったら納得できますか?」ってことなんですよ。あと、出版社の人はなんで著者印税が10%なのか、本気で説明できますか? たぶん説明できる人なんかいないですよね。「たまたまそうなってる」としか言いようがないでしょう。そもそも著者の取り分に対して、編集者の給料はかなり高いわけです。そのあたりについても「きちんと利益配分ができているのか?」と問い直したほうが、出版業界ももうちょっと面白くなるんじゃないか?というのが、出版とネットの両方にいた私の立場で思うことです。

沢辺……ええと、今の意見に僕から一つだけ反論すると、「印税率10%の根拠を言える人はいないでしょう」って、そんなの当たり前ですよ。だって市場が決めたことなんだから。実際、印税率10%以上の人はいますよ。文芸の大御所なんかだと、今は1万部刷っても売れないから初版は5,000部しか刷らないけど、本人にはそんなこと言えないから印税は1万部ぶん先に払っておく、とかね。逆に大学の先生とかだったら印税をもらうどころか、本人がお金を払って出版することもある。これらはすべて市場原理が働いた結果です。つまりは「神の見えざる手」〔*50〕で10%になってるんだから、問題ないんです。

仲俣……いや、それは嘘でしょう。そもそも、現時点で刷り部数に対して印税率10%というのは、かなりいいほうですよ。実売部数×6～7%なんて契約もいっぱいあります。

沢辺……それは著者自身が、出版社に対して印税率12%を要求すればいいだけの話でしょ。

橋本……いや、10%と12%じゃあんまり変わらないと思うけど(笑)。

〔*50〕**神の見えざる手**……イギリスの経済学者・アダム・スミス(Adam Smith、1723～1790年)が『国富論』(原題『An Inquiry into the Nature and Causes of the Wealth of Nations』)で書いた言葉。市場自身の持つ価格調整機能をあらわす。ちなみに原著では「invisible hand」(見えざる手)と記されている。

沢辺……じゃあ30%でも40%でもいいや。とにかく、著者と出版社の間で合意が成立すればいいだけの話です。著者に力があれば、競争は可能なんです。そこで「力がある人だけ印税率を上げるのはダメ、著者全員をフォローしなくては」っていうのは、間違った単純平等主義ですよ。

仲俣……だけど、どんなに力がある作家でも、今の紙の本の流通システムを使う以上は、印税率にも上限があるでしょう。その流通システム自体を変更するほどの力は、著者にはなかったわけです。

沢辺……いや、著者にもありましたってば。出版社に言えばいいんだから。個別に交渉すればいい。その結果、平均の印税率が10%に収束しているってことは、それが「神の見えざる手」によるものだからですよ。この考えはおかしいですか?

高島……はい、おかしいと思います(笑)。そんな理屈、聞いたことないです。

沢辺……だって、大根が100円になるか150円になるかは市場が決めることであって、それ以外に理由はないでしょう。

仲俣……今回は紙の本の話がメインではないので、10%の議論はそのへんで止めましょうか。話を戻すと、橋本さんの「印税9割論」というのは、本が売れなくて収入が少なくても、自分の取り分が多ければ納得がいく、ということですよね。たとえば1冊1,000円で10冊しか売れなくても、9,000円が自分のところに入るなら、売れなかったのは自分の実力だからしょうがない、と納得できる。でも、既存のルールに乗っかった場合は、3,000部刷って300万円売り上げても自分に入ってくる印税は30万円ぽっきり。これは納得がいかない、という話だと思います。

沢辺……でもさ、出版の現場にいると微妙なムードが働くのよ(笑)。著者から「この本を出していただけませんか?」って依頼が来たときに、印税率はどのくらいが適当か、って。出版社にしても売れるかどうかは、出してみないとわかんないわけだから。

高島……ええー、なんですかその「ムード」って。僕にはまったく理解できません、残念ながら（笑）。

沢辺……だから、出版って出版社が一方的に著者に原稿依頼して始まるものでもない、ってこと。書きたい人は山ほどいるわけですよ。大学の先生とかさ。

仲俣……いや、極論を言えば、大学の先生なんかに印税を払う必要はないでしょう（笑）。僕が言ってるのはフリーライターのことです。執筆活動だけで食べていこうとしている人。だいたい、大学の先生の原稿なんて、編集者が直さなければ本にならないものが大半です。そうじゃなくて、最初から完璧な原稿が用意されていた場合は、リスクを負うべきなのは著者ではなく出版社じゃないですか、ということなんです。著者自身は、誰に頼まれたわけでもない原稿を書くという時点で、すでにリスクを負っている。そのうえ、さらに著者にリスクを負わせるというなら、それはもはや自費出版ですよ。出版社が自費出版をやりたいならそれでいいけど、そうじゃないなら、著者と出版社のリスク分担と利益配分について、レベニューシェア［*51］としてきちんと考えたほうがいい。

高島……ただ、そう考えたとき、今の印税率10%が出版社と著者双方にとって五分五分なのかと言われると、それはちょっとわからないですよね。出版社と著者でリスクをどう分かち合うかについては、話し合う余地が十分にあると思います。出版社側にしてみれば、その本で利益が出せなければ次の作品が出せないわけですし。だから、お互いに納得できるラインはどのあたりなのか、しっ

［*51］**レベニューシェア（Revenue share）**……契約形態の一方法。この場合、本を出版することで発生する利益を著者と出版者であらかじめ定めた配分比率で分配する方式を指す。リスクと成功をともにする共同事業者としての関係性が発生することが特徴のビジネスモデル。

かり話し合って、レベニューシェアの契約を結べばいいんじゃないかと。

仲俣……たしかに、売れない本もありますからね。著者に面と向かって「あなたの本は売れないんです」とも言いにくいし（笑）。

橋本……まあ、既存の紙の出版モデルについては今までの流れもあるし、印税率10%もしょうがないと思います。ただ、今はデジタル化が同時に進行しているわけで、電子書籍のほうではもっと印税を確保したいですね。

沢辺……そういえばこの間、「AmazonでKindleの電子書籍を売る場合、出版社と著者のロイヤリティが70%になりました」っていうニュースが流れたでしょ。その後でTwitterを見ていたら、「著者の争奪戦が始まった」ってつぶやいてる人がいて、バカ言うなよと思ったね。もちろん、それが村上春樹だったら争奪戦になるのはわかりますよ。でも、申し訳ないけど今日本で本を出している著者の90%は、争奪戦の対象にはならないです。それに、そもそも今回の「70%」というのは、単にAmazonが既存の出版モデルに追随したというだけの話なんですよ。たとえばポット出版の場合、取次の卸価格は67%ですが、Amazonは取次と書店を両方兼ねているわけだから、70%という数字は既存の流通とほぼ同じ割合なんです。つまり、Amazonも出版業界の旧態依然たる古くさいモデルにならっただけ。それに、Amazonでやってるのは自費出版モデルです。これをもって著者争奪戦が始まったとか、新しい出版モデルだなんて、バカ言ってんじゃないよというのが僕の意見です。

それからこれに関してもう一つ補足すると、取次から版元に入ってくる70%の中には、本を売るためのすべての業務が含まれてるんです。たとえば僕らが日々Twitterでつぶやいてるのも、何のためかといえば本を売りたいから。そういう努力は、全部著者以外の人間、つまり出版社がやってるんです。なのに、著者と会ったときに「あなたの本は今までどのくらい売れましたか」と聞くと、「○○書房は営業力がなくて、なかなか売れない」とか言うんだよね。思わず「ばかやろう、てめえで営業してみろ」って言いたくなる（笑）。そういう言葉を聞くと、僕はもう自分の心に針がばしっと刺さったみたいに感じて、すごく傷つくんです。きっとこの人は他の出版社に行ったら、「ポット出版は営業力がないから売れない」とか言うんだろうなあ、と。

仲俣……でも、それはその著者が悪いっていうだけの話でしょ（笑）。

高島……いや、そんなことないですよー。売れない理由は何だ？って考えると……ええと、売れない理由って何なんでしょうね？（笑）そもそも、出版社は何部以下だと「売れない」って言うのかな。

仲俣……損益分岐点はどのくらいですか？

沢辺……そうね、60〜70%売れれば損益分岐点を一応越えた、って言えるかな。

高島……でも、部数とは関係なく、著者も含めて関係者が満足できたかどうかが「売れたか売れないか」の判断基準なんじゃないかと思うこともありますよ。ぜんぜん売れなくても「やった」って感じることもあるし。

沢辺……嘘ぉ。ぜんぜん売れなかったら、そんなふうには考えられないよ、僕。

仲俣……では、このへんで津田大介さんに「tsudaる」の手を止めていただいて、発言を求めたいと思います。今の話を受けて、『Twitter社会論』（洋泉社新書y、2009年）の著者でもある津田さんはどう思われましたか？

津田……そうですね、単純にポット出版から執筆依頼が来たらどうしようかなあと（笑）。10%で嫌なら交渉しろって話だから、じゃあ

15%って言えば検討してくれるのかなーとか（笑）、著者としてはわりと素朴なことをずっと考えながら聞いてました。
僕は前々から、橋本さんの「印税9割論」は極端だなあとは思いつつも、それが成立する可能性は十分にあると思うので、どんどんやればいいと考えています。ただ、僕自身は多分、次に本を出すとしたら、やっぱり版元から出すと思いますが。

橋本……僕は津田さんにこそ、印税率9割モデルで成功事例になってほしいと思ってるんです。そのときはぜひ沢辺さんの会社でやっていただきたい（笑）。

沢辺……もちろん、やらせていただきますよ（笑）。

津田……そうですね、僕も印税率9割モデルに適したコンテンツを出す機会があれば、考えるかもしれません。ただ、今のところ僕にはやっぱり編集者と出版社が必要なんだと思うんです。そもそも著者というのはロクなやつがいなくて（笑）、編集者が催促しなきゃ原稿が書けないような人間のクズみたいな人も中にはいまして、僕なんかはまさにその典型でして。『Twitter社会論』は一応売れてくれたのでラッキーでしたけど……。もちろん、著者の中には佐々木俊尚さんのように、自分で有料メルマガを発行できるような人もいて、そういう人は自分自身で出版もコントロールすればいいと思います。でも僕にはそういう能力はないから、編集者を通して出版社とタッグを組んで、かっちりやりたいと思っているわけです。
ただ、それでもやっぱり印税率10%は低い、と思います。ですから今後の電子書籍では、プラットフォーム事業者と著者と版元が、それぞれ完全に33%ずつ取るというレベニューシェアモデルをやったらいいんじゃないでしょうか。版元はインタラクティブ性など電子書籍なりの付加価値を企画し、プラットフォーム事業者は配信環境を整える努力をし、著者も電子書籍用に追加原稿を書くなどして協力する。僕自身、そういったモデルの構築にも興味があるので、今後はそういうことも考えていきたいなと思います。

●出版社の電子化に対する意識レベル

仲俣……そろそろ22時を過ぎたし、外では雪も降っているようなので、壇上の議論はいったん締めて、ふたたび質疑応答に入りましょうか。まず最初の方、質問をどうぞ。

小室……昨年12月から、iPhone向けの雑誌切り売りサービス「食べレコ」〔*52〕を運営しているハンズエイドの小室と申します。日々いろんな出版社さんを回っては「コンテンツを売らせてください」ってお願いしてまして、今は枻出版社、アクセス・パブリッシング、KKベストセラーズなどに参加してもらっています。これからもまだまだいろんな出版社に参加してもらって、いいコンテンツを提供したいと思ってるんですが、出版社に出向いて「電子書籍」「電子出版」という話をしても、多くの現場は「それ何?」っていう状態なんですよね。今日ここに来ている方は日々情報を収集していて、知識レベルが高い方が多いと思いますが、たいがいの出版社の現場スタッフは、そのレベルに達していない。これからその差を埋めていくには、どうしたらいいんでしょうか。

仲俣……沢辺さん、どうですか?　ポット出版はかなり意識が高いですよね。

沢辺……それはやはり、どこかが突破口を切り開くしかないと思います。電子書籍を巡って何か「いいこと」が起きれば、今あなたが回っている出版社の人達も、みんな向こうから電話をかけてくるようになりますよ。ただ、そのためには多くの人が電子書籍を買ったり見たりする習慣が根付く必要

〔*52〕**食べレコ**……雑誌など出版社が作成した食に関するコンテンツを、店舗の情報をデータベース化し、マップ機能と連動させるなどデジタルコンテンツ用の編集を施し配信するiPhone用アプリ。(http://tabereco.hands-aid.jp/)

があって、それにはコンテンツの量がたくさん必要になるわけで、ここから先は卵が先か鶏が先か、という話になっちゃうんですけどね。
ただ、僕自身は「このムーブメントはどこかで必ず回り出すはずだ」と判断しています。だからポット出版でも積極的に仕掛けていこうとしてるんだけど、やはり突破口を開くためにはかなりの量のコンテンツを携えてガンと参入しないと、最初の回転を与えることはできないと思うんですよね。たとえば村上春樹の『1Q84』（新潮社、2009年）のような本を、電子書籍と紙の本で同時発売する、というような。もちろん、僕らのようなベンチャーがスターターとなる可能性もありますけど、僕は6対4くらいの割合で、既存の出版社が突破口を開くような気がします。
仲俣……小室さん、今日は版元の方もたくさんいらしてますから、ここでどんどん営業していってくださいね。では次の方、どうぞ。

●文芸小説は電子化に向いていない？

武田……本日、フロアの外で文芸ミニコミ誌「界遊」を売っている、編集部代表の武田と申します。僕からの質問は2点ありまして、まず1点目は、文芸や小説というジャンルは電子化にどう対応していけばいいのか。先に「文芸は電子化には向いていない」という話が出ましたが、どうにか健康的な棲み分けができないものかなあ、と。もう1点は流通問題について。今後ミニコミはどうやって本を売っていけばいいのでしょうか。
仲俣……まず、最初の質問については僕から答えますね。僕がさっき言ったのは、「本」について話をするとき、まず最初に「小説」をイメージするのはやめたほうがいい、ってことです。出版業界の人や評論家は、「本」というとすぐ「小説」を連想しがちだけど、実際の本の世界には実用書とか参考書とか、もっといろんな種類の本があるわけです。なのに「活字の危機」とか「電子出版」というとすぐに文学の話になり、発言するのも日本ペンクラブとか日本文藝家協会の人になってしまう。これが議論を混乱させるモトだと思います。

ただ、小説が電子出版には向いてないとは思いません。テキストがあまり構造化されていないので、電子書籍のメリットを活かしにくいところはあるかもしれませんが、逆にいえばテキストが1本だけなので、簡単に電子化できます。それに小説家というのは、実売部数に比べてネームバリューが高い人が多いんですね。つまり、「売れてないけど有名な作家」がいっぱいいるのが小説の世界なので、そういう意味では電子出版に向いているともいえます（笑）。

橋本……僕はコナミのDS用ゲーム「ラブプラス」〔*53〕って凄いなと思う。あれは次世代の恋愛小説ですよ。

高島……「ラブプラス」スゴイよね!

仲俣……ここで「ラブプラス」が出てくるとは。高島さん、あなた一体何者ですか（笑）。まあ、文芸の話はどこかでまたゆっくりやるとして、二つめの流通についての質問は、高島さんから回答していただきましょう。

●ミニコミを全国書店に流通させるには

高島……武田さん自身は、どうやって自分達の本を売ろうと思ってますか?

武田……今は書店に直接持ち込んでいますが、できればもっとたくさんの書店で売りたいと思っています。今のところ3号まで出していて、刷り部数は1,500部。すでに

〔***53**〕**ラブプラス**……コナミが2009年9月に発売したニンテンドーDS用の恋愛シミュレーションゲームソフト。2010年4月にはiPhone／iPod touch用のアプリ「ラブプラスi」が発売された。

残りはだいぶ少なくなっていますが、やっぱり直販ってことでつまずく部分もあるんですよね。店頭に置いていただけない書店もありますし。かといって取次を通すのは現実的に考えづらいですし……。

高島……でも、実際に取次に行ってみました？　まずは行ってみないと、口座を作るのが難しいかどうかなんてわからないですよ。

仲俣……つまり、まずは取次に行け、ということですね（笑）。取次はべつにトーハン・日販だけじゃないんですよ。あるいは「地方・小出版流通センター」〔*54〕から始めるところも多い。ただし、ここから始めた版元も、だいたい最後にはトーハン・日販に行きますね。

高島……そうですね。結局、今の流通システムの中で「いっぱい売りたい」と思ったら、どうしても取次を通すしかないわけです。それ以外の選択肢がないというのは、これはこれで問題なんだけど、とにかく「もっと売りたいなら、なんで取次に行かないの」っていうのが僕の答えです。取次に行って、窓口で聞いてみればいいんですよ。みんな親切に教えてくれます。

沢辺……ちなみに僕の意見を言わせてもらうと、書店が直販を嫌がる理由の第一は、きわめていい加減な発行者が多いから。返品も取りに来なければ精算に来ない、連絡先もわからない、とにかく面倒くさいところが多いといいますよ。それともう一つの理由は、精算作業が大変だということ。この二つを除けば、それ以外に直販を嫌がる理由はありませんから、まともな書店員ならまず現物を見てくれると思います。

武田……では、現状の流通に取って代わる方法論について何かお考えがあれば、聞かせていただけま

〔***54**〕**地方・小出版流通センター**……1976年に設立。取引社数は1,046社（2009年3月末時点）。取次取引のない地方出版社などの書籍を取次に流通させるために設立された。新刊委託配本はなく、原則注文のみで取り扱う。地方・小出版流通センターに限らず、取次口座が一つあれば、経由して他取次に納品することもできるため、ほとんどの取次ルートで書籍流通が可能になる。

すか。

高島……直販でいえば、これまでもフォーバイフォーマガジンとか、もっと古い会社だとベターホームとか永岡書店とか、けっこういっぱいあるんですけど、中でも特に実績が上がっているのは、トランスビュー［*55］の営業担当、工藤さんの方法論だと思います。工藤さんは書店には行かないんだけど、それでもちゃんと書店員をトランスビューのファンにしちゃうんですよ。

沢辺……いや、そんな抽象的なこと言ってもしょうがないでしょ。トランスビューの成功のポイントは2点だけで、一つは池田晶子の『14歳からの哲学』（トランスビュー、2003年）が売れたこと、もう一つは工藤くんの事務処理能力がものすごく高かったこと。なんせ、工藤くんのところには真似したい人が次々に話を聞きに来るんだけど、彼が全部ノウハウを教えても、誰一人として同じようには作業ができないっていうんだから。

仲俣……「界遊」はまだ3号目だから、まずは「出し続けること」だと思います。途中で止めないこと。できれば自分たちで書籍も出すといいと思う。そしてこれからコミケや文学フリマにとどまらず、もっと幅広く売っていきたいと思うなら、流通のことをもっと学ぶべきですね。でも、1,500部刷ってほぼ完売というのは、けっこう頑張ってるほうだと思いますよ。会場にいる方で、彼にアドバイスできる方がいれば、ぜひあとで声を掛けてあげてください。では次の方、どうぞ。

●Kindle、iPadの日本語書籍への対応

深水……深水と申します。これは私が知らないだけかもしれませんが、今のところKindleでもiPad

［*55］**トランスビュー**……2001年に設立された出版社。書店との直接取引を主にしており、ほとんどの出版社が取次を利用している中、あえて直取引を選んで成功させた。その方法論は「トランスビュー方式」と呼ばれている。

でも、日本の本はまだ発表されてないですよね。その理由についてご存じの方がいれば、教えていただきたいのですが。

高島……すいません、僕はぜんぜんわからないです。最近、日本の大手出版社が渋谷のAmazonに呼び出されたらしいんですけど、残念ながらウチは呼び出されなかったので（笑）、まったくわかりません。ホント悔しいですね。

沢辺……僕もまったくわかりませんが、別ルートの話を一つ。あれは昨年の12月末頃だったと思うんですけど、SONYが日本でも電子書籍用端末を発売するって噂が流れたんです。で、ウチもやりたいと思ったので、ある大手出版社の人に「SONYの担当者の名前教えてください」って言ったら、「俺も知らないんだ」って。その人は社内の心当たりにも一通り問い合わせてくれたらしいんだけど、その時点ではどこにも話が来てなかったみたいで。で、そのときついでに「Appleからの話はないんですか」と聞いたら、「ない」と。実際にはホントのこと教えてくれてないって可能性もあるけど、たぶんその時点ではAppleからのアプローチはなかったと思います。

だからさっきの質問に僕なりの想像で答えると、日本語の電子書籍市場は、AmazonやAppleにはまだまだ相手にされてないような気がします。それは日本の市場が小さいからというよりも、まず英語圏で足下を固めるのが大変なんじゃないでしょうか。コンテンツを集めるために説得して回らなきゃいけないところも、まだたくさんあるだろうし。アメリカでも出版社が行列を作って電子書籍化を待っているような状況ではないんじゃないかな、というのが僕の想像です。

江口（**元芳林堂書店**）……それは絶対的に正しいと思います。彼らは「最大の作者」が欲しいんです。ゴミは要らない。

仲俣……僕は違うと思います。AmazonであれGoogleであれAppleであれ、欲しいのはゴミも含めて「すべて」ではないでしょうか。村上春樹やスティーヴン・キングだけじゃないと思います。

江口……Googleは確かにすべて欲しいだろうけど、Amazonは違うと思うよ。

仲俣……でも、Amazonの電子書籍コーナーでKindleショップを見ると、売れ筋ではない本も相当数ありますよ。

江口……いや、売れない本もあってもいいんだけど、彼らが本当に欲しがっているのはヘッドの部分だってことです。ロングテール理論のポイントは、ヘッドをどう押さえるかにあるんです。

橋本……でも、ヘッドを持っているようなコンテンツの強者は、後から出て行ってもいいわけですからね。今みたいな市場の黎明期には、売れないものが一時的に多くなるのかもしれませんね。

仲俣……では次の方、どうぞ。

●著作権、電子書籍化権は誰のもの？

山路……ライターの山路と申します。iPhoneアプリで販売している、小飼弾さんの『弾言』を担当した者です。

仲俣……今、どのくらい売れてますか？

山路……おかげさまで、4桁は行ってます。

仲俣……おお、すごい。今350円で売ってるんですよね。その中で小飼さんの取り分はいくらなんですか？

山路……いや、それはちょっと言えないんですが（笑）。実は今回の本は、文庫化モデルでやってるんです。私が編集者と共著者を兼ねて作った本について、もとの出版社に使用料を払って二次使用権［*56］を取得し、私が立ち上げた会社からiPhoneアプリとして発売する、という形を取りました。今

［*56］**二次使用権**……著作物を二次使用する権利（例・単行本と同一内容の著作物を文庫化し発売する権利など）。

後はそういう形のビジネスモデルも増えてくると思うんです。たとえば紙の出版社にはパブリシティをお願いして、その分多めに使用料を払うようにすれば、紙の出版社はノーリスクである程度の収入が得られるので、共存もあり得るかもしれないですよね。今回はその実験も兼ねてやってみたんですが、今後、もしポット出版に「そちらの本を電子書籍化させてくれ」という打診が来たら、沢辺さんはどうしますか?

沢辺……ウチはぜんぜんOKですよ。っていうか、山路さんにはすでに仕事を頼んでるので（笑）、こういう公開の場を利用して印税交渉をされてるのかなって気もするんですが（笑）。

山路……実はそれもちょっとあるんですけど（笑）。

仲俣……今の提案は、出版社が自分達で電子書籍をやろうとしない場合に、エージェントが著者と出版社の間に介入して、二次出版、三次出版の交渉をすることについて、出版社側はどう思いますか、ということですよね。これはどうですか、出版社の皆さん。「ロイヤリティが入るなら、あえて自社でやらなくてもいい」と考えるか、「コンテンツを持っていかれるのは嫌だから、自社でやろう」と考えるか。

高島……僕はすごく嫌ですね。コンテンツを持っていかれるのは本当に辛い。でも、じゃあ自分のとこでやるか、って言われると、それも辛い（笑）。

橋本……ほらね。やっぱり出版社が嫌がることをやるのがチャンスなんですよ。

沢辺……今高島さんが言ったことはね、お化けみたいなもので、何の根拠もない話なんです。そもそも著作物は誰のものかといえば、著者のものに決まってます。だからウチの契約書では「二次使用の交渉権をポット出版に預けるかどうか」について、映画化権、放送化権など、一つ一つマルをつけてもらうようにしています。だって、著作権者が自分の著作物をどのように扱いたいか、自分で決めるのは当然のことですから。

ところが今の出版界は著者も含めて、誰もそんなことは考えていないんですね。まさに今の高島さんの反応のように、出版社は出版物を自社のものだと勘違いしている。実は僕もかつて岩波書店に、同じような打診をしたことがあったんです。僕の大好きな社会学者の本が、岩波で「品切れ重版未定」になっていたので、著者にOKを取ったうえで編集担当に連絡して、「ウチから復刊したい」と伝えました。そしたら岩波の人がなんて答えたと思います?「ウチはそういうことしてませんので」ですよ! お前、いったい何を勘違いしてるんだって話ですよ。

僕が今の山路さんの提案に対して、すぐに「いいですよ」って答えたのは、僕自身もそれをやる立場にあるからです。僕だって電子書籍化したい本があったら、著者のところに行って「電子化権だけウチにくれませんか」って交渉は当然やりますよ。そのほうが出版社のビジネスの幅が広がると思います。

会場……すみません、今の話に関連して、一つお伝えしておきたいことがあります。実は日本書籍出版協会のホームページに載っている出版契約書のヒナ型［*57］の中には、「電子書籍にする際の、二次利用の優先交渉権」という項目が入ってるんです。「優先交渉」というのは非常に曖昧な判断ではあるんですが、二次利用する場合は一応出版社にも声を掛けてね、っていう感じでしょうか。同じ条件が出たときには他の出版社に行く、という判断もアリかもしれませんが、とにかく「優先交渉」

［*57］**日本書籍出版協会／契約書ヒナ型**……1957年創立、1965年に社団法人化した出版社による業界団体。461社の会員出版社で構成される（2010年5月現在）。略称「書協」。ウェブサイト上で出版社と著者の間で結ぶ出版契約書のヒナ型を公開しており、会員外出版社も含め、誰でも利用できる。ヒナ型のため、改変も自由にできる。

というのがヒナ型の中に入っていることは付け加えさせていただきます。ちなみに、会員の出版社が皆そのヒナ型を使っているかどうかはわかりませんが、私の勤めている出版社では、実際に使っています。

橋本……でも僕は今まで何回か本を出してますけど、出版契約を結んだのは2回だけでしたよ。（後日談：調べたら結んでおりました、橋本）

全員……えーっ。

仲俣……最後まで結ばないままだった？　さすがにそれは驚きですね。じゃあ、そろそろ最後の方、お願いします。

●障害者向け電子書籍の可能性

島田……小学館の島田と申しまして、ユニバーサルデザイン出版の分野に関心を持っています。さきほど「デジタル化が本へのアクセスを増やす」という話が出ましたが、電子書籍は今まで紙の本にアクセスできなかった視覚障害の方にとっても、期待の高まっている媒体だと思うんです。電子書籍なら本の内容を音声で聞くこともできますし、点字化も簡単にできる。それが実際に商売になるかどうかは別として、こういった部分も突破口の一つになり得るんじゃないかと思うんですが、いかがでしょうか。

仲俣……そうですね。紙の本が普通に買えて読める健常者だけを前提にしたアクセシビリティにとどまらず、障害を持つ方も含めた、もっと広い意味でのアクセシビリティを考えれば、電子書籍にはものすごく大きな可能性がある。もしかしたら潜在マーケットもあるのではないかと思います。ただ、現時点では日本語で全文読み上げができるかと考えると、まだちょっとハードルが高いかもしれません。英語圏ならすでに可能なんですが。

橋本……むしろ、もっとそっち方面からも大きな声を上げてもらって、電子書籍を牽引する論調を作るうえでのベースの一つにしたらいいと思います。

島田……ちょうど今は著作権法の改正もあって、学校図書館などいろんなところで本の朗読を録音できるようになり、現場が盛り上がってるところなんです。そういった朗読を行なう団体や図書館などと話をしてみれば、商売ベースになる可能性もありますね。

沢辺……それは確かに仰るとおりで、ぜひ電子書籍には期待していただきたいですし、現場からも声を上げていただいたほうがいいと思います。ただ、僕の感覚としては、それを電子書籍推進のファクターとして前に押し出すのは、ちょっとどうかな、という気がするんです。視覚障害者への支援をしたいなら、今の紙の本でもできるんですよ。奥付に「DAISY（視覚障害者向けのデジタル録音図書）のためにテキストデータを提供します」って書いておけばいいんだから。

仲俣……それに、読み上げ機能は視覚障害者だけでなく、健常者にとっても便利な機能ですからね。最近はわざわざ文字で読まなくても、耳で聞けば十分という本がたくさんある。そもそも、今出版されている新書の多くは本人の執筆ではなくて語り下ろしで、ゴーストライターが文章にまとめていたりする。あれはもう、オーディオブックと同じなんですよ。そういう意味では、視覚障害の話を抜きにしても、電子書籍の読み上げ機能が新しいマーケットを作っていく可能性はあると思います。

橋本……あと、障害者に対するアクセシビリティについては、当事者だけでなく、政治家なども積極的に関わっていくべきでしょうね。障害者がアクセシビリティを確保するためのコストを誰が負担するのか、という点では、国など社会的なセクターの役割も大きいですから、ぜひどんどん声を上げてほしいと思います。

●おわりに

仲俣……では最後に、それぞれまとめのコメントをお願いします。高島さんはトイレに行っちゃったからおいといて（笑）。

橋本……僕の「印税9割論」について、ここでもう一度誤解なきよう言っておきたいんですが、僕は年間何百冊も書評を書いてることからもわかるように、もともと本が大好きで、出版社も大好きで、出版業界の人との付き合いも多い人間なんです。ただ、それはそれとして、今後は出版社と取次と書店が介在しない情報流通モデルも面白いよね、と思っているだけであって。だから、「印税9割論」について出版社の方から突っ込まれても困るんですよ。もともと出版社に向けて言っていることではないので、出版社から反論が来てはいけないんです（笑）。僕は単に「出版社と関係ない人がやると面白いことができるよ」っていう話をしただけであって、出版社が悪いと言っているわけじゃありません。確かに不合理なことはいっぱいありますけどね。

言ってみれば、僕の「印税9割論」は著者自身のビジネスについての考え方なんです。著者が自分の表現活動をビジネスにしようと考えたとき、アウトソース先となる流通業者はたくさんいる。今はその中で、主に出版社と手を組んでいるわけですが、彼らはちょっと硬直してきているんですよ。みんな仕事は一流なんだけど、ずっと同じシステムの中でやってきたから、ちょっと時代に乗り遅れた部分があって、印税率は常に10％しか提案してこない。だからといって、僕ら著者は出版社の「10％の言い訳」を聞く必要はないんです。出版社以外に4割、5割、9割で流通させてくれる業者を見つければいいだけの話。それはAmazonかもしれないし、mixiやネットのコミュニティみたいなものかもしれない。そういうところと手を組んで、著者自身が新しいモデルを作っていけば、既存の出版モデルと平行してやっていけるんじゃないかと思うんです。
そもそも、既得権を持つ大きな会社が無茶できないのは仕方ないことなんです。だとしたら、無茶ができるフリーの表現者やベンチャー、ネットのコミュニティの人達が、そういうことをやるべきだということを言いたかったのであって、僕は決して出版社不要論者ではありません。出版社はこれから先も、役割を変えながら継続していくと思いますよ。
仲俣……橋本さんの主張については、誤解している人はそんなにいないと思います。沢辺さんくらいだよね（笑）。沢辺さんも、あえて誤解したふりをしてるんだと思うけど。
沢辺……じゃあ、僕もまとめに一言。さっき言った日本版Google Book Searchですが、僕はこれ、まじめに実現を考えてるんです。ただ、実現にあたっては既存の出版業界の団体が決めるのではなくて、一社一社それぞれの選択の結果として、みんなでやっていこうよ、と思っています。この取り組みはこれからも引き続き行なうつもりですし、しばらくしたらある程度具体的なお話もできると思うので、そのときはぜひ「やれやれ」と応援する声が欲しいです。ネットの世界は一人ひとりの声が生きる世界だと思っていますから、ぜひご協力いただけたら嬉しいです。
仲俣……では最後に僕から感想と全体のとりまとめを。
まず、今日この座談会をやってみて良かったなと思うのは、ラジカルな活動をしている人が、実はけっこう保守的というか従来の出版のシステムを擁護していて、「必ずしも今の出版システムを否定してはいませんよ」とエクスキューズしながら、しかし実際はかなりラジカルなことをしている（笑）。そのことがわかったのが、なによりも良かったと思います。
今後は僕らよりさらに立場の大きい人たち、つまり既得権益を持った出版社にも、ぜひ電子出版を含めてラジカルなことをやり始めて欲しい。大きい出版社が動けば、そのぶん影響力も大きいですからね。

日本の出版業界は不況だと言われているけれど、いまだに相当に大きなマーケットです。これほど大きな読者層と著者層を抱えている出版市場は、世界中を探してもそんなにない。他の小規模言語圏と比べたら、日本の出版業界ははるかに巨大なマーケットであり、知性の塊と言えると思います。今は業界全体が硬直しているせいで、全体にネガティブな雰囲気が漂っているのが悔しいですけど、それを乗り越えて、出版業界が勇気ある一歩を踏み出すことを願っています。

電子出版時代の編集者

電子出版時代の編集者の役割は、「必要／不要」では語れない。
2009年10月に、アルファブロガー・小飼弾氏との著書
『弾言』と『決弾』のiPhoneアプリ版を製作し、
自らの会社から発売したフリーライター／編集者の山路達也氏。
書籍の執筆・編集から電子書籍の製作、そして発売後のフォローアップまで、
多様化する編集者／コンテンツ製作者の「仕事」について語ってもらった。
（このインタビューは、2010年1月19日に収録しました）

山路達也（やまじ・たつや）
1970年生まれ。フリーのライター／編集者。パソコンやインターネットに関する書籍を中心に活動中。著書に『マグネシウム文明論』（矢部孝との共著、PHP新書、2009年）、『頭のいいiPhone「超」仕事術』（田中拓也との共著、青春出版社、2010年）など。
binWord/blog（http://www.binword.com/blog/）

●『弾言』『決弾』の下地

沢辺……まず山路さんの経歴を教えてくれますか。

山路……1993年4月に大学を出て新卒でソフトバンク〔*1〕に入ったんです。当時は今ほど有名ではなく、出版事業とパソコンソフトの卸売をやっている会社でした。その出版事業の、「Oh! PC」というPC-98専門雑誌の編集部に配属されました。

ソフトバンクに入って1、2年目が、ちょうどQuarkXPressというDTPソフトで雑誌をつくり始めた頃でした。その頃の私はMacに詳しくありませんでしたが、入社した頃は、出版社が経費削減のためにDTPの作業まで編集者に押し付けていた時代でもあったので、編集者の作業だけじゃなく、DTPもやりました。それでDTPに慣れた部分もありましたし、ガジェットやIT っぽいものへの知識もつきましたね。

3年と3ヶ月勤めてからソフトバンクを辞めて、1年ぐらいオーストラリアに行っていました。

ワーキングホリデーのビザをとって、メルボルンの近くのジロングという小さな町のレストランで働いたんです。キッチンハンドといって、皿洗いみたいなものでしたけど。

その後外国人向けの専門学校に通って英会話をやり、オーストラリアをぐるっとバスで1周した後日本に戻ってきて以来、何となくフリーの編集者兼ライターとしてやってますね。

沢辺……もっと遡って聞いてもいいですか。生まれはどちらですか?

山路……三重県の四日市です。

沢辺……小さい頃はどういう子供だったんですか。

山路……本はよく読んでましたね。

おやじは普通のサラリーマンでしたが、とにかく本をよく買う男で、

〔*1〕**ソフトバンク**……1981年創業。代表取締役社長は孫正義。現在はソフトバンクBBやソフトバンクモバイルなどの通信事業で知られている。2009年度の売上は2兆7,634億600万円、従業員数は21,693人(いずれも連結ベース)。

休日に出掛けても、紙袋にいっぱいに中古の本を買ってきました。

沢辺……お父さんはいくつ?

山路……昭和9年生まれだから、今75歳です。ただ、父親が読んでいた本は気に留めていませんでした。そんなに仲が良かったわけでもないので、父親が薦めるものは読まなかったり(笑)。

父親の書棚にあった本で覚えているのは、松本清張と、開高健かな。

沢辺……じゃあ、文学が多かったんですかね。

山路……でも、「週刊現代」のグラビアも大好きで、写真集もいっぱいありましたよ。

沢辺……今山路さんは謙遜してそう言ったかもしれないけれど、僕はケータイ小説だって何だって、日常的に読んだり書いたりすることは、自分の問題を考えたり解決したりする力をつけるために大切だと思う。本を「文化」にするのはあんまり好きじゃないんですよ。佐伯泰英〔*2〕でもエロ小説でも、日常的に文章を読む習慣があるほうがいいんですよね。

山路……私も「本は高尚なもの」という考え方は違う気がしますね。「目の見えない方向けに世界名作文学を点訳して読ませよう」なんて人もいますが、ふざけるなと思います。名作文学だけが本ではないですから。

でも、子供としては破格に本を読んでいたかもしれません。1〜2週間に1回図書館に行って、借りられる限界の冊数を借りてきてました。

沢辺……その頃、勉強はできたんですか?

山路……小学校のときはできましたね。ただ、勉強をする習慣はなかったんですよ。小学校の勉強は、本を読んでたらできちゃうじゃな

〔***2**〕**佐伯泰英**……1942年、福岡県生まれ。小説家、写真家。「居眠り磐音江戸双紙」や「鎌倉河岸捕物控」などの時代小説で知られ、多作。

いですか。国語の問題だったら、問題の文章に書いてあることをそのまま書けばいいレベルです。だから小学生のときはよかったんですけど、勉強する習慣はずっとなくて、中学校に入ってからも最低限でしたね。

沢辺……だけど、最終的に東大に入ったんですよね？

山路……勉強したのは高3になってからですよ。進学校ではありましたけど、中高一貫だったから入ってから5年間は勉強をする習慣がなかった。

沢辺……大学は何を専攻したんですか。

山路……文学部でしたが、文芸批評ではなく、言語学でした。

ただ、言語学に進んで「やっぱり違うな」と思ったんです。その当時、脳に電極をつなげて活動を見たり、人はどのように考えているのかを心理学的に追求したり、いろんなアプローチで言語を探ろうという動きがあったのですが、自分が進んだのは本当に旧態依然とした言語学だったので、幻滅してしまったんです。

もちろん、向学心にあふれる学生ならば自分で学際的な分野を見つけて研究するだけの話なので、単純に私に向学心がなかっただけですけどね。

大学卒業が1993年なのですが、1989年から1990年代前半は16ビットパソコンが出てきて、MS-DOS［*3］も出た頃です。

それを使って自分なりに簡単なプログラムを書いて言語学の仮説を分析したりしていました。そのときに書いたプログラムは、今なら3日で書けるようなものでしたけどね。

●なぜ「iPhone」だったのか？

沢辺……でも、それが昨年発売したiPhoneアプリの『弾言』『決

［*3］**MS-DOS（MicroSoft Disk Operating System）**……1980年代から1990年代にかけてMicrosoftが開発したパソコン用OS。NECや富士通など、各メーカーのハードに提供された。

弾』[*4]にも繋がっているわけですよね。今日一番聞きたかったのはiPhone版の『弾言』と『決弾』をなぜ自分の会社でiPhoneアプリにして販売までしたのかということと、実際やってどうだったのか、やる過程で何を考えたのか、その3つです。

山路……深い考えはないんですよ。単純に、iPhoneはユーザーの側から見て面白いじゃないですか。Appストア[*5]にも、既に「電子書籍」というカテゴリーがありましたし。最初の頃はグラビアとかコミックぐらいしかなかったですけど。

それ以前にも、書籍を自分でPDF化して、iPhoneに転送したりしていました。iPhoneなら文庫本と遜色ないサイズで、PDFでもけっこう読みやすいですよね。

そういうこともあって、これで本を出さない手はないな、と思いました。

今回iPhoneアプリにした『弾言』は、自分でも「いい出来だ」と思った仕事で、本の中で小飼氏が語っている考え方は、若い人にももっとアピールしたいと思っていました。iPhoneを使っている層は特にITに興味がある人だし、小飼さんとのマッチングもかなり高いと思うので、その点でも適していました。

沢辺……iPhoneについて、もう少し詳しく聞かせてください。山路さんは今、iPhoneをどんなふうに使っているんですか?

山路……怖いぐらい生活に溶け込んでいるので、「何が」と言われると、逆に悩んじゃうぐらいですね。

[*4] **弾言/決弾**……『弾言―成功する人生とバランスシートの使い方』『決弾―最適解を見つける思考の技術』はそれぞれ2008年、2009年に、いずれも小飼弾と山路達也との共著でアスペクトから発行。小飼弾は1969年、東京都生まれのオープンソースプログラマー、ブロガー。自身のブログ「404 Blog Not Found」(http://blog.livedoor.jp/dankogai/)で書評などを公開している。

[*5] **AppStore(アップストア)**……2008年7月よりAppleが運営する、iPad/iPhone/iPod touch用のアプリケーション配信サービス。2010年4月までに、18万5,000以上のアプリケーションが、合計40億回以上ダウンロードされた。

一つずつ挙げていくと、まず、MobileMe［*6］でパソコンと連動させて、予定やアドレスの管理をしています。
記事を書くためにSpanning Sync［*7］でiCal［*8］とGoogleカレンダーの同期もやっていますが、直にiPhoneとGoogleカレンダーを同期してもよいでしょう。

沢辺……メールはどうですか？　僕はiPhoneは読むにはいいんけど、書くのが面倒くさいから、本当に必要最小限で、特に社内のメールのやりとりだと「よし」や「OK」の2文字で済ましちゃいます。

山路……私も、iPhoneではあまりメールは書かないですね。読んで重要なことを振り分けたり、ちょっとした返事に使っています。メールは全部Gmail［*9］で管理していて、読まなくていいものはその場で処理して、後で返事をするものにはラベルを付けて、改めてパソコンで処理したりしています。
会社のメールもプライベートのメールも全部Gmail上で一元管理できますから。
Gmailなら検索も早いし、iPhoneからも過去のメールのすべてを呼び出すことができます。
スケジュール管理も、とても便利になりました。たとえば取材に行く場所の住所をメモ欄に貼り付けておけば、それをクリックすると地図が表示されて、そのまま経

［*6］**MobileMe（モバイルミー）**……Appleが運営する、オンライン上のデータ保存スペース提供サービス。複数のデスクトップパソコンやモバイル端末間でメールやスケジュール帳などのデータを同期できる。2000年にiTools、2002年に.Macの名称で提供され、2008年7月からMobileMeの名称になった。（http://www.apple.com/jp/mobileme/）

［*7］**Spanning Sync（スパニング・シンク）**……アメリカのSpanning Syncが提供するMac OS用のデータ同期サービス。Mac付属のアドレス帳・スケジュール帳のデータとGoogleのアドレス帳に保存してあるデータと同期できる。（http://spanningsync.com/）

［*8］**iCal（アイカル）**……Appleが開発したMac OS用のカレンダーソフト。2002年に最初のバージョンを発表。

［*9］**Gmail（ジーメール）**……2004年からGoogleが提供している無料のメールサービス。2009年12月時点で、全世界で1億7,600万アカウントが利用されている。（http://mail.google.com/）

路検索までできちゃう。
あとはEvernote〔*10〕というサービスを使えば、情報を集めるだけじゃなくて、同時にメモにもなります。仕事のメモや気になった記事をとりあえず全部放り込んでおくことができるから、「あの情報はどこにあったんだっけ」ということがなくなるのがいいですね。
沢辺……僕はこの6〜7年、すべてのことがなるべくメール上で完結するようにしているので、Evernoteに乗り換えるかどうか迷ってますね。
原稿もテキストエディタを使わずにメールソフトのThunderbird〔*11〕で書いて途中経過を保存しておくくらい。
書き終わったら社内の一斉配信アドレスに送ります。絶対読まなきゃいけないわけじゃないけど、「社長がこんな原稿を書いたぞ」というのを知っておくことができるように送っています。さらに僕は、できるだけブログに公開するようにしてるんだよね。
山路……それは素晴らしい。
沢辺……ブログで公開しておけば、ブログが自分にとってのデータベースになるんです。たとえば雑誌の場合は、1ヶ月後には次号が発売されますよね。だから原稿を編集部に送るときはメールに直接貼りつけて送って、「1ヶ月後に公開させてもらいます」と一応断っておくんです。そうすると、自分の記録がブログとメールで全部見れる。
Evernoteのほうが良いところがあるのもわかるんだけど、今身についてる習慣を変えるのが面倒く

〔*10〕**Evernote（エバーノート）**……2008年からEvernoteが提供している、オンライン上での記録管理サービス。ユーザーはパソコンやモバイル端末からオンライン上のノートに文書や画像、音声などを保存・閲覧でき、他のユーザーとの共有もできる。OCRをかけた名刺などの紙の文書からウェブサイト、音声メモまでを一元管理できるのが利点。（http://www.evernote.com/about/intl/jp/）
〔*11〕**Thunderbird（サンダーバード／Mozilla Thunderbird）**……2004年から開発されている、オープンソースのメールクライアントソフト。（http://mozilla.jp/thunderbird/）

さくて。

山路……でも、Evernoteはメールと連動していますよ。Evernoteの自分のアドレス宛にメールをすれば、それがどんどん蓄積されていきます。社内に送っているものを、Evernoteの自分用の投稿用アドレスにccしておけば勝手にたまっていくので、同じ習慣のままEvernoteにもアーカイブができていくのではないでしょうか。

Evernoteなら、音声や出先で写真、ウェブ上のクリップ、あるいは名刺をスキャンしたものなど、何でも入るので便利ですよ。でも、人それぞれのスタイルがありますから、それに合ったものが一番いいですね。

他にiPhoneでよく使うのは、手書きメモとTwitterです。Twitterのクライアントは、以前はTweetieでしたが、最近はTweetDeck。

沢辺……なぜ変えたんですか?

山路……個人用やブログからの情報を発信する用など、複数のアカウントを使い分けているので、それを切り替えて見るのにTweetDeckがいいんです。たとえば私だったら、最近出した『マグネシウム文明論』〔*12〕という本の評判が気になりますよね。だから、「マグネシウム」というキーワードを自動で検索して集めるカラムもあれば、Green Techに関するキーワードで検索しているものもあって、そのすべてがTweetDeck1つで見えちゃう。今日(2010年1月19日)日本の開発者が出したTweetMeというソフトもTweetDeckと同じことができるらしいです。

●編集者も著作権者になる

沢辺……紙版の『弾言』『決弾』を

〔*12〕**マグネシウム文明論**……現在の主たるエネルギー資源である石油に代わりマグネシウムの利用可能性を提示する新書。矢部孝、山路達也による共著。2009年にPHP研究所より発売(定価756円+税/ISBN978-4-569-77561-6)。東京工業大学教授・矢部孝の研究内容を、編集者である山路達也が専門家でなくてもわかるようにまとめる形で作られている。

出すにあたって、山路さんはどのようなポジションだったんでしょうか。

山路……言わば、ゴーストライター兼編集者ですね。人間、普通に話していて頭から終わりまでがきれいにつながることはないですよね。だから、著者と話しながら引き出したいことを聞いたり、難しいところでは、「その話は、たとえばこういうことなんですか?」とキャッチボールをして相手の言葉を引きだしていきます。文字に起こした後もさらに私のほうで例を足したり、もっとスムーズに伝わる文書表現を考えながらドラフトを書いて、著者に確認してもらいました。

沢辺……そもそも言い出しっぺは山路さんだったんですか?

山路……「小飼さんと本をつくろう」と言い出したのは出版社の人です。私は、出版社の人から「小飼さんの本を出すから企画を考えてくれ」と言われたかたち。そこから企画書を書いて小飼さんにアプローチして受けてもらいました。話をしているうちに企画書とは全然違うものになっていったので、今のかたちにしたのは「誰」ということでなく、「共同作業」ですね。

沢辺……印税は「編集」としてもらった?

山路……たしかに「編集」もしているのですが、出版社側の編集者がいて、原稿を見て直したり、「ここはこうしたほうがいい」ということも言います。構成的なものも出版社側がやりました。
だから『弾言』と『決弾』に関しては、「著者印税を分割」した感じですね。私はあくまでも書き手として参加しているという考え方です。

沢辺……じゃあ、著作者は小飼弾と山路達也の2名だと明示された契約書を交わしたということですね。

山路……はい。ただ、多くの出版社が同じだと思いますが、契約書を交わしたのは本ができた後でした。
著作権者として契約を結んだからこそ、iPhone版を出すことができたんです。iPhone版『弾言』『決弾』のポイントの一つは、著者自身が本を売っているということだと思います。
沢辺……著者だから、iPhoneでやりたいというのも言いやすかったと。小飼さんは二つ返事だったんですか。
山路……はい（笑）。「じゃあ、よろしく」と。
沢辺……出版社はどうでしたか。
山路……出版社のほうは、担当編集者はともかくとして、会社的にはあまりiPhoneアプリには積極的ではなくて出版社の動きを待っていてもiPhoneアプリは出せそうになかったので、それなら自分で出そうと。
沢辺……じゃあ、最初から自分でやろうと思っていたわけではなかったんですね。
山路……そうです。どうも出版社はやってくれそうになかったので、私が出版社に使用料を払って、私の会社から文庫本を出すかたちにするんだったらどうですか、と提案しました。正直、出版社としてリスクはない代わりにうまみがあることでもないから、普通の出版社だと「うちでも将来やるかもしれないから」みたいな返事をするところが多いと思うのですが、長いこと一緒に仕事をしてきた編集者だったことと、出版社としてもどんな反響があるのか興味があるということがあったので、OKになりました。
できればiPhoneに限らずパソコンやケータイも含めた「電子書籍」を考えていたのですが、「全部はちょっと」ということだったのでiPhone限定で、使用権の許諾を得ました。
実は、そのために会社設立もしたんですよ。仕事をするときに法人のほうがスムーズに頼めることが多いから、どのみち会社にしたほうがいいかなと考えていたタイミングだったし、それほど深い考えがあったわけじゃないですが。
ついでに会社申請をオンラインでやって、法務省のオンライン申請システムがいかにアホかという記事を書くこともできるかなと（笑）。

●電子書籍化にかかったコスト

沢辺……では今回は、本が出た後に電子書籍のことを考えて、出版社に相談したということですよね。最初にこの本をつくるとき、電子書籍を展望してなかったわけですか。
山路……全くないということはないですね。数年前から、本をつくるたびに、電子書籍の展開はできないかということは頭の隅にありましたよ。
数年前にある本をつくったとき、私は「将来的にPDFなり電子的な形態で配布できるように絶対しなきゃいけない」と主張したんですね。出版社の人にもそう言ったんです。後で別の判型にして再利用したり、あるいはそのままの判型だけどPDFのかたちで売れるようにしたい、と。再利用は今後絶対に大事になることだからと強く主張したのですが、デザイナーが「このフォントでないとやりたくない」といってきたフォントが、埋め込みのできないOCFフォント〔*13〕だったんです。とにかくそのフォントにこだわりがあって、「読者はそこまでフォントにはこだわらないから、ちゃんと再利用できるかたちでつくってくれ」と何度も言ったんだけど、結局説得できませんでした。
沢辺……では、数年前から電子化を考えていたということですね。
山路……そうです。将来的な流れとしては、そうならざるを得ないと思っていたので、そのときから、再利用できるかたちでと思ってい

〔*13〕**OCFフォント（Original Composite Font）**……Mac OS9まで使用されていたフォントファイルの形式。PDFへの埋め込みができない。

たんです。それも説得できずという例なんですけど。

沢辺……でも、そういう思考があったから、『弾言』『決弾』に繋がってるんですね。僕が聞きたいと思ったのは、たとえば書いている段階で「電子化権を僕にくれませんか」という話は出てこないのかな、と。

これが村上春樹だったら、著作権契約するときに「電子出版権は私にください、そうじゃなかったらサインしません」と言えば、出版社も同意せざるを得ないですよ。だけど、大半の著者と出版社の間には、実際上、力関係がありますよね。

山路……私は村上春樹みたいな力はないですからね。

『決弾』の出版社の契約書のフォーマットは、紙以外の発行形態に関しては、そのときに著作者と協議する、という1項が入ってるんです。電子化のことは頭の片隅にあったので、その点は確認しておきました。

沢辺……iPhone版にしたとき、出版社には何%払ったんですか。

山路……大体、文庫化と同じ相場ですね。

沢辺……じゃあ、僕の相場観だと2〜3%前後かな。

山路……ほかに、イラストレーターとデザイナー、装丁家にiPhone版を出すときの二次使用料を、私の会社から払っています。薄謝ですけどね。

●AppleによるiPhoneアプリ審査の問題点

沢辺……ここまででiPhoneアプリ化に向けて権利関係は処理したわけですよね。次は、具体的な作業とAppleとの交渉ですか?

山路……「交渉」ではないですね。ほとんど自動ですから。年間99ドル払ってiPhone Developer Program〔*14〕に登録すれば、誰でも販売できるんですよ。

沢辺……登録してしまえば、あとはアプリ個別の審査だけ、と。

山路……ただ、大谷和利さんがAppleのことを書いた本をAppストアで出そうとしたらリジェクト（拒否）されたことがありましたね。今の基準はわからないですけど、少なくとも、最初はAppleのことを書くとリジェクトされることがあった。

沢辺……エロとかグロに対する感覚も日本とはズレがあるそうですね。たとえば日本ではスカトロのエロ雑誌もあるけれど、アメリカではスカトロに対する排除感が強いらしく、雑誌では出せないそうです。その一方でモロ見えは年齢制限があればOKだったり、日本とはわいせつに対する基準が違うらしいんですよね。

山路……最近、エロいアプリが増えている気がしますけどね。けっこう過激なグラビアもあるし、息を吹きかけるとスカートがめくれたりするものもある。それが審査を通っているのに、文章でエロ表現があったらリジェクトするのはどういうことなのかと。

沢辺……混乱期だし、迷いもあるでしょう。基準をどの程度に設定するのがいいのか。

ともかく、『弾言』『決弾』に関しては、審査はどうってことなかったですよね。

山路……そうですね。ただ、どれぐらいの期間がかかるかや、今どういう段階にあるのかがわからないので、そこはドキドキしました。2〜3ヶ月経ってからリジェクトされることもあり得ると聞いていましたし。それこそ、Developer Programに申し込んだときの銀行口座の確認にしても、「ちゃんとやってるのかい?」とわからない不安感はありました。

沢辺……Appleもそうだし、GoogleもAmazonもそうだけど、お客さんに対するサポートは

［*14］**iPhoneデベロッパープログラム（iPhone Developer Program）**……Appleが提供しているiPhone OS用のアプリケーションの開発・配布用の契約。年間99ドル（1万800円）で利用できる。（http://developer.apple.com/jp/iphone/program/）

丁寧なんだけど、パートナーに対しては不親切さがありますよね。

山路……売るなら、売れば、みたいな。

Appleの製品は、すごくスムーズで格好いいユーザーインタフェイスじゃないですか。でもiPhone Developer Programのサイトは、売上を確認するページと、その他の登録を行なうページとで、ユーザーインターフェイスが全然違ったりするんですよ。とてもAppleがつくっているとは思えないぐらいの手抜きっぷりで、本当に不親切です。

表の部分の顧客の部分に力を入れていて、手が回らないのかもしれないですけど。

沢辺……顧客の部分が大切だというのはわかるけどね。

●電子書籍の未来はフォーマット次第

沢辺……さて、電子書籍をつくってAppストアで売るという方針が定まった上で、フォーマットはなぜドットブック［*15］にしたのでしょうか。

山路……フォーマットは、けっこう悩んで、ビュワーも含めて自分で開発することも考えたりしました。そんな大したことじゃなくて、Appleが提供しているサンプルプログラムの中に簡単なテキストビュワーがあるので、それをいじって自前のテキストデータを埋め込んでやることも不可能ではないと思ったんですよね。ただ、やっぱり単純なサンプルなので、文字組みについてきちんと考えられているわけではありません。

その線では、青空文庫のビュワーアプリを開発している人にお金を払って、テキストを埋め込んだかたちでのアプリをつくってもらうことも考えました。そうすれば文字の拡大・縮小も自由ですし、

［*15］.book（ドットブック）……ボイジャーが2000年に発表した電子書籍フォーマット。HTMLベースで、縦書き表示やルビに対応している。閲覧ソフトはT-TIme。

読みやすいものができます。その代わりに、高くつく。
電子書籍を出すんだったら検索機能やフォントの切り替えをやりたいのは山々だったんですが、コストのことを考え、一番低コストでなおかつ読者から見栄えがいいものにしました。とにかく読書体験としてスムーズに読むことができるものとして、ボイジャーさんのドットブックを使ったアプローチを選んだんですね。
ボイジャーさんは、販売の条件など、さまざま柔軟に対応してくださったことも大きかったです。社長の萩野さん［*16］は1993年のエキスパンドブック［*17］の頃からずっと電子書籍をやっていらした方で、すごく理解のある方でした。

沢辺……ちょっといかれたおじいさんだけどね（笑）。

山路……（笑）。一般の作り手にあれだけ安くソリューションを提供して、企業からはそれなりの金を取って何とかビジネスとして回して、なおかつそれを普通の本の文化の作り手に還元するって、普通の人ではできないことですよね。それに対して感情的に共鳴した部分もあります。
『弾言』を出したときはフォントの切り替え機能はなかったですが、今多くの人が読んでいる文庫本だって、多くの人が読めるサイズにしてあって、「どうしても読めない人は老眼鏡を掛けてください」というメディアですよ。だから、9割の人が満足できるフォーマットという意味で、妥協できる範囲かなと。
一応、目次から該当箇所にジャンプできますしね。
これもドットブックの問題点といえば問題点ですけども、表現力がすごいわけじゃないじゃないですか。TTXというドットブックのソースファイルにHTMLのような

［*16］**萩野さん**……萩野政昭。1946年、東京都生まれ。株式会社ボイジャー代表取締役。1990年代はじめから電子書籍への取り組みを行なってきた。

［*17］**Expanded Book（エキスパンドブック）**……アメリカのボイジャーが1992年に発表した電子書籍フォーマット。翌年にはボイジャー・ジャパンによって日本語化された。

スタイルシートを使って装飾できるのかと思ったら、全然できないんですよね。凝った見出しをつくろうと思ったら、画像で貼り付けるしかない。でも、画像で貼り付けるとなると、今後、解像度の違う機種で展開するときにどうするんだ、とさまざま問題が出てくる。そこは悩んだんですが、あまり凝った見出しにしないということで妥協しましたね。

沢辺……僕は小見出しとか、飾りつけについては、どうでもいいかな、と個人的には思っています。でも、たとえば、表組みはHTMLのようにしてほしい。現状、InDesign〔*18〕での組版で表を入れる場合、Illustrator〔*19〕で見栄えよくつくった表を「画像」にして貼りこんだりしているわけですよ。

最終的には、僕は電子書籍はテキストに戻っていって欲しい。出版されるのは大元のテキストで、ビュワーの側でCSS〔*20〕のようなものを適用させることで、見栄えがよくなる。

山路……私も、それが実現されないといけないと思います。新しいHTML5〔*21〕はグラフもきれいに生成できるし、動画もそのまま動きます。電子書籍のフォーマットも、純粋なテキスト部分と装飾部分は分離されるべきでしょう。

そういった普遍性のあるフォーマットができないと、電子書籍の可能性は本来の100分の1も出せないと思います。共通のフォーマットがあれば、書籍間で相互に参照できるようになります。相互に参照することができれば、ある本

〔*18〕**InDesign**（インデザイン／Adobe InDesign）……Adobeが開発したDTP組版ソフト。1999年にバージョン1.0が発売され、2010年5月にはCS5（バージョン7.0）が発売された。

〔*19〕**Illustrator**（イラストレーター／Adobe Illustrator）……Adobeが開発したグラフィックソフト。1997年にバージョン1.0、2010年5月にCS5（バージョン15）が発売された。

〔*20〕**CSS**（Cascading Style Sheets）……HTMLなどのマークアップ言語に含まれる要素をどのように表示するかを定義する形式・ファイル。文書の中身ではなく体裁を担う。

〔*21〕**HTML5**……HTMLの最新仕様バージョン。2008年1月にW3Cより草案が発表された。

の中に別の本から引用している文章があったとして、そこをタップしたら引用元の書籍の該当部分を表示することができるし、さらに該当部分のページを買いたければ買えるようにもできます。もちろん、丸ごと買うこともできる。フォーマットが一社の独自の形式だったら、書籍間の相互参照はできないですよね。それこそHTMLのリンクのような形式は整えてくれないと、豊かな電子書籍の利用の世界は開けないと思います。

今はGoogleも本に関しては「Google Book Serch」という仕組みの中での検索結果を出していますが、情報を知りたい人にとって、それが本であるか、ウェブであるかはどちらでもいいことですよね。ウェブと本を同じように扱うためにもフォーマットは必要でしょう。

沢辺……でも、本と名乗っていようが、ePub形式〔*22〕であろうが、何形式であろうが串刺しできるようになると、検索の結果が膨大になってしまわないですか?

山路……それは純粋に技術的な問題だと思います。ウェブ上にはすでに膨大なコンテンツが存在しています。

今後「本」という言葉は、ものすごく広い範囲の言葉になると思います。「文字が印刷されたものを綴じた」という定義じゃなくて、「ある程度の、ある集まりの人たちによって編集された情報の集まり」のような定義になり、「ここはきれいに編集されたコンテンツですよ」ということを識別するのに「本」というラベルが貼られるだけになる。そういう世界に参加するためにも、やっぱり共通フォーマットが必要だと思いますね。

●本はどこまで構造的にできるのか

沢辺……実際に電子書籍をつくって

〔*22〕**ePub形式**……IDPF(International Digital Publishing Forum)が定義する電子書籍のオープンフォーマット。XHTMLフォーマットをベースに、設定したフォントサイズや行間で、表示機器に合わせて文章を組んで表示すること(リフロー)を前提にしている。

みて、悩ましかったことは他にあります?

山路……専用のエディタ［*23］があると便利だと感じました。私は「テキストデータが読める」というレベルよりもうちょっと凝りたかったので、自分でソースコードを書くことを選んだのですが、やはり面倒だったので。ただ、まだ工夫次第で何とかなるレベルの面倒なので、それほど大きな問題ではないですね。

沢辺……僕は技術的なことではなくて、編集的な面で、文章の構造化が課題になると思っています。章・節・項、大きいところから小さいところへという概念が、今はいい加減すぎると思う。

逆にいうと、今の山路さんのような編集的ポジションにいる人に求められるのは、本の構造をきっちりつくることではないでしょうか。

山路……現状でも、それを考えてつくってはいます。

けれど、紙の本をつくる際は、デザイナーに渡される時点で構造はある意味、破壊されていますよね。渡されるときには大見出し、中見出し、小見出しとあっても、デザイナーはそれをざーっと流し込んでいくイメージじゃないですか。

多分、最初にざっと流し込んだレベルでは、まだ階層構造は保たれていると思うんです。でも後から修正するときに、GUI［*24］のインターフェースで修正すると、論理構造が完ぺきじゃなくなっていくんですよね。

結局どうしたかというと、InDesign上のテキストだけをエディタに貼り付けて、自分なりに「これは大見出し、これは小見出し」と手でマークを付けていき、マークを正規表現［*25］で一括置換してタグに置き換える、という

［*23］**専用のエディタ**……タグを覚えなくとも、視覚的な操作によってタグ付きの文書を作成できるソフトのこと。

［*24］**GUI（Graphical User Interface）**……アイコンやウィンドウ、カーソルなどを使ったインターフェイス。文字のみのインターフェイスに比べて、直感的な操作ができる。

［*25］**正規表現**……あるパターンに当てはまる形で表記された文字列を一つの形式で表現する表記方法。テキストからある特定の文字列を検索する際などに用いられる。

作業をしました。
そこのところはAdobe〔*26〕やほかのソフトウェア会社に頑張ってもらいたいですね。
沢辺……僕は、Adobeなどのソフトウェア会社が何とかする余地は十分あると思いますけれども、重要なのは人間だと思ってるんですよ。著者も編集者もデザイナーも、三者が文章の構造の重要性をふまえてつくってないと、電子書籍にするのは難しいと思うんです。もしくは、三者全員が構造を考えてつくるのはあきらめて、デザイナーだけがオペレーターとしてこだわりを持って徹底的に構造化するようになるかもしれない。
山路……私は、最初の著者の段階で論理構造を持っていないと、デザイナーがこだわりを持っても難しいとは思いますけどね。
だから、今後は著者から出版社に原稿を送るときにタグを付けたものを送るのがマナーになってくるんじゃないでしょうか。
沢辺……いや、そんなことができる著者はほとんどいないんじゃない?
山路……タグといっても、そんな難しいことじゃないですよ。今だって「大見出し」「小見出し」くらいは書いているのではないでしょうか。私が書くときは、プレーンテキストで送るときでもマークをつけるなどして、必ず構造がわかるようにして送っています。
沢辺……でも今は、たとえばWordで原稿を送ってもらったら、見出しはフォントがでかくなっているとか、そのくらいですよ。Wordが浸透したので、著者も見た目を意識するようになったとも言えますが。
山路……そのWordにだって構造化を前提にした機能があって、「見出しレベル」を設定しておけば、その見出しだけ一括してスタイルを変えることもできるんですけど

〔*26〕**Adobe**（アドビ／Adobe Systems）……アメリカのコンピューターソフトウェア会社。1983年創立。2009年度の売上は35億7,900万ドル。従業員数は8,660人。PhotoshopやIllustratorなどのグラフィックソフトの世界最大手。

ね。

沢辺……でも、誰も使ってないよね。

山路……Wordは書くツールとして使いづらすぎるから、構造化を意識した機能があっても、物書きが物を書くツールとしては使い得ないところがありますよね。

でも、せめて大見出し、小見出しさえ意識しておかないと。

それこそ行頭にピリオドを付けておけば見出しに、2個ピリオドを付ければ小見出しに、ということもできます。

沢辺……Wiki〔*27〕みたいにね。でも、僕はWikiが嫌いなんですよ。構造化は大切だと思うんだけど、Wikiを見ていると、プログラム屋さんの発想のままのような気がするんです。

山路……沢辺さんの言いたいこともわかるのですが、そこで一般寄りにすると、結局Wordになってしまうんですよ。

まだGUIで工夫できる部分があるということかもしれませんが、そのバランスは難しいですね。

沢辺……そうそう。だから、そこは技術が解決してないなと思っています。僕自身はテキスト派なので、ピリオド1個は大見出しで、ピリオド2個が中見出しと理解したほうが自分の中に入っていくんだけど、これまでの著者との付き合いを考えると、それを著者全体に求めるのは無理じゃないかと思う。

●著者が文章を書かなくなっていい

山路……だからこそ編集者が著者と一緒に本を書いていくようになってくればいいんじゃないかな、と思います。つまり、必ずしも著者は文章を書く人ではなくて、その

〔*27〕**Wiki（ウィキ）**……サーバー上の文書を複数のユーザーが共同で編集して構築するためのソフトや、そのシステム全体のことを指す。HTMLよりも簡単に見出しなどの要素を記述することができる。アメリカのプログラマー、ワード・カニンガム（Ward Cunningham、1949年 ～ ） が1995年にWikiのソフトを開発した。

起点となるようなアイデアの種をどんどん吐き出す人であればいいんです。文章を書かなくてもいいんですよ。思い付いたことを言って、私のような編集者が、その構造化をすればいい。
私が2009年の12月に出した『マグネシウム文明論』も、研究をしてるのは大学の教授で、私は研究には何もかかわっていません。でも、先生自身が書くと固くて難しいんです。だから、私のような編集者が入って普通のビジネスマンが新書として読んで面白いものに解体して、構造をつくって、流れをつくって、文章として整える。
本を書くことは教授の本質ではないんです。先生はマグネシウムの研究をするのが本分。
最近、小説でもプロジェクトチームでつくることがあるようです。漫画は、既にチームでつくっていますよね。だから、著者自身が文章を書かないことの何がいけないのかよくわからないし、構造をつくる人がいないとダメだと思います。
沢辺……僕も、ひとりの人がすべてをやるのは無理だと思う。学会誌に載った論文ですら、構造化されてないものがありますよ。
山路……学術書では、読みづらいものが多いですよね。編集者が仕事をしていないだけではないかとも思いますけど。
わかりにくい表現だったら、「こういうことですか」と聞き直して、もっとわかりやすい表現に直して読者のもとに届けるのが編集者の仕事ですから。とにかく読み手が最重要だから、顧客に届くかたちに変形するプロセスは、誰かがやらないといけないことです。
沢辺……でも、そのことについての合意はまだできていないですよね。古い年寄りの編集者だと「そんなのは本じゃない。書き下ろしに価値がある」と言いますよね。養老孟司の『バカの壁』（新潮新書、2003年）も「しょせん聞き書きじゃん」と馬鹿にする人がいた。

書いたものに手を入れられることが嫌だという考えも、根強く残っていますよね。

山路……だからこそ、最初の時点で「実際の文章は私が書きます」という合意をつくってから進めていくことが大切です。

沢辺……小飼さんの場合も、その合意があったんですか?

山路……そうですね。小飼さんは、こちらが誘導する通りに大人しく動く人ではなかったですが（笑）。

沢辺……でも、最初に「原稿はこちらがつくりますよ」という合意が成り立っていれば、原稿に手を入れられることの抵抗感もなくなるので、編集者が自由に動き回る余地がありますね。

山路……その場合も、著者が何を考えてどういうことを言いたいかを共感して、理解するスキルが求められると思いますね。

そしてそれは画一的な役割ではなく、本ごと、著者ごと、案件ごとに変わってくるものでしょう。

沢辺……今までのような、「著者は書く人で、編集者は書いたものから」という暗黙の前提を疑うべき時代がきているということですね。

●電子書籍の相場観

沢辺……では次はドットブックを出した後のことを。

山路……大してお金を持っていない私が自分の会社で出しただけなので、大々的に広告を打つことはなかった。じゃあどうするか。そこについては「アルファブロガー」といわれている小飼さんの知名度に頼っているところがあります。他にも私の知り合いの出版関係者やブロガーにリリースは送りましたけど、一番大きいのは小飼さん自身がブログで「『弾言』と『決弾』をiPhoneで出しました」と書いたことですね。あとは、最近流行っているTwitter。TwitterとiPhoneはものすごく相性がよくて、TwitterのユーザーはiPhone

からつぶやいている方が多い。そうすると、たとえば、「iPhone版の『弾言』を読みました」とつぶやく人がいるんですよね。そこで@dankogai（小飼弾氏のアカウント）と付いていれば、小飼さんが1冊、1冊お礼を言うようにしてくれました。そうすることで、小飼さんを身近に感じた読者の方が「小飼さんが直に礼を言ってくれたよ」とつぶやいて、またそれが話題になってTwitter上で広がっていきました。

沢辺……今の時代だったら、小飼さんのサイン本を買うよりもTwitterで一言お礼がくるほうが価値は高い感じがしますよね。

山路……私もそう思います。小飼さんは「コピペですると感謝が伝わらないので、このお礼の文章は全部自分で打ってます」と書いてました（笑）。

でも、そんなちょっとしたことだけど、著者と読者が場を共有できるんです。単にお客さんとして本屋で買ってくるのではなくて、確実に直につながっていると考えられる。これは新しいことだと思いますね。

結果として、紙の本にもちょっといい影響があったみたいです。TwitterでiPhone版が出たという話が広まったので、紙の本の売れ行きも伸びた、と出版社の社員が言ってました。

沢辺……実際売れ数は数千単位ですか、それとも万単位？

山路……万はいかないですね。まあ、4桁です（2009年10月21日〜2010年5月23日の間に『弾言』、『決弾』の2冊を合わせて8,836部を販売）。

沢辺……その数字では、なかなかつらいものがありませんか。1冊350円だから、仮に1,000ダウンロードだとしたら末端で35万円。Appleの取り分が3割だから、手元に来るのは24〜25万円。2,000としたら40〜50万。新しく書き下ろしたわけではないし、悪いとまではいいませんが。

今後は書き下ろしの電子書籍を出すことも考えられるわけですよね？

山路……いきなり電子版を出すのはまだ無理だと思いますけどね。350円という価格も、電子書籍だけで出す価格ではないです。

Appストアは低価格の圧力が掛かっている、特殊な場所です。「シムシティ」［*28］が数百円で売られている隣に置いてある1,500円のビジネス書を買う人は誰もいない。

でも、電子書籍が相当増えてきたら、価格相場観も変わってくると思います。今の350円というのは、けっこうきつい価格ではあります。

沢辺……ポット出版は「理想書店」での価格を950円にしたんですけど、どう思います?

山路……出版社として950円にするのもわかるのですが、読者だったら「もう一声」と思うでしょうね。ワンコインが一つの壁だと思いますし、文庫の価格も基準になっていると思います。文庫が出ていない本だったら文庫と同じくらい、文庫が出ている本だったら文庫よりもやや安いくらいが、買う人の値ごろ感のような気がします。これは純粋に自分が買って読む場合の意見ですけどね。

本音のところでは、それこそ1万円とかつけて10万人に買ってほしいと思いますよ（笑）。

●電子出版時代の著者、編集者、出版社

沢辺……最後に、書き手として電子書籍のパブリッシュをしてみて、今後本の世界や出版の世界をどんなふうにしたいと思っているの

［*28］**SimCity（シムシティ）**……アメリカのゲームデザイナー、ウィル・ライト（Will Wright、1960年〜）が開発した都市開発シミュレーションゲーム。1989年に第1作が発売されて以降、パソコンや家庭用ゲーム機など様々な機種でリリースされている。シムシティから派生した、都市の住人の生活をシミュレーションするゲーム「The Sims（シムピープル）」シリーズは2000年の発売から5年で2,000万本以上を売り上げた。

か。その中で、著者が直接読者に販売することなどを含めて、どういうことをやっていきたいですか?

山路……『マグネシウム文明論』で試してみていることではあるんですけれども、1冊1冊を売るために、もっと著者や編集者がコミットしていかないといけないと思っています。今の出版社は、こう言ってはなんですが、本を出したらあとは野となれ山となれで、何のフォローもないじゃないですか。だけど結局、ぽんと置いておくだけでは、これだけいろんなコンテンツがある中で誰も見てくれない。たとえばあるブログにすごく面白い記事が一つ載せてあっても、更新がなかったら、もうそのブログは興味を持たれなくなってしまうのと同じように、継続的に情報をサポートして盛り上げることが必要ではないかと思っています。

『マグネシウム文明論』に関しては、WordPress〔*29〕でサイトをつくりました(http://www.mgciv.com/blog/)。単に書籍の情報だけではなくて、マグネシウム研究に関するQ&AをTwitterやメールで受け付けて、教授自身が質問に答えるということをやっています。

そしてもう一つ、同じサイトの英語版もつくったんですよ。英語でも同じ内容が全部見られるようになっていて、英語でも質問も受け付けています。そうすることで海外からの注目を集めたいというのがあって、手作業で翻訳してつくっているんですけど、既に問い合わせがあったんですね。海外から「この研究はこういうことに応用できないか」という質問があったり。だから、単純に本の出版のことだけではなくて、先生の研究自体を広めたいという気持ちも大きいです。

とにかく、紙の本をつくっておしまいではなくて、コンテンツを商

〔*29〕**WordPress(ワードプレス)**……2003年に発表された、オープンソースのブログソフト。多様なテンプレート、プラグインを利用したカスタマイズや、検索エンジンに適した静的なURL生成などが特徴。

品として出したら、その後のフォローアップもしていく流れをつくらないといけないと思っています。

沢辺……仰るとおりだと思うのですが、たとえば、今、日本の編集者の平均の月産タイトルは約1冊ですよね。その中で、山路さんが『マグネシウム文明論』でやっているようなフォローアップはどこまでできるでしょうか。

山路……すべての本について同じことができるとは私も思わないし、力の入れかたも緩急をつけないといけないと思います。ただ、1冊に1つサイトを立ち上げるところまでいかなくても、シリーズものであったらシリーズもののサイトとしてフォローアップする程度のフォローアップは必要だと思います。

あと、書評は追跡して、それに関してはTwitterでつぶやき、「書評ありがとうございます」と言うぐらい、どんなに忙しい編集者だってできるわけですよ。そうやって読者と共有できる場をつくることは、多分、どんなに忙しい人でもできる。

沢辺……僕は「どんなに忙しい人だってできるとは思えない」という考えです。だからといって、そういうことをやるべきではないとか、やらないほうがいい、というわけでは全くなく、むしろ集客でいえば何十人規模のリアルな場でのイベントを積極的にやっていこうと思います。イベントをやればTwitterやウェブサイトで書けますからね。どこで何をやったとか、来た人がこういうことを言っていたということがなく、ただ本のことを書いていても興味は持ってくれないですからね。

その意味では山路さんが言うようなプロモーションをもっとちゃんとやっていこうと考えています。ネットは新聞広告などと比べて、圧倒的にコストがかからなくなっていますから、小さな出版社でも大きなところと同じようにアプローチできるという意味では、自由な道具ができたと思ってはいます。ただ悩みは、それをやるのも結局人的コストなので。

山路……それは今後の出版社のかたちにかかわってくると思います。出版社が今後、今と同じようなかたちで存続していくとはとても思えないんですよ。

将来の出版において、現状の出版社の「紙の流通に流すための窓口」としての役割は要らなくなりますよね。そこで出版社が何をやるかといったら、先ほど沢辺さんはプロモーションにリソースは割けないと仰いましたけど、そのプロモーションをやることで生き残ればいいと思うのですが。

沢辺……いや、ごめん。リソースがないという意味ではなくて、山路さんがいうことは「その程度ならできるでしょう」というレベルではできないと思うのです。ちゃんとプロモーションやるための思考の改革が必要だし、今編集者がやっている素読みやファクトチェック〔*30〕といった日常的な労働の見直しとセットにしないと。

山路……もちろん、もちろんです。それも含めての話ですよ。

沢辺……ところが、そういうことを変えよう、見直そう、というところに視点を持っている人はあまり多くないと感じているんです。

山路……変わろうと思うか思わないかにかかわらず、多くの出版社に勤めている編集者はおそらく食えなくなります。

独立して著者的な役割をしたり、著者とチームを組んでプロモーションの役割を持ったりする必要がある。「出版社に勤めてないとできない仕事」、学術書や、スパンが長く書かれるもの、雑誌的なものは、多分、個人の集まりでは難しいですから依然として残るでしょう。しかし現在の編集者の多くは、今の仕事を続けて食えるとは思えません。

〔*30〕**素読みやファクトチェック**……素読みは1文字1文字厳密に確かめるのではなく、文章を通して読むこと。ファクトチェックは、書かれている内容が事実であるかどうかの裏付けをすること。

沢辺……山路さんの言っていることはすべて正論だと思うし、僕も同意する部分があるから電子書籍にチャレンジしたりしているつもり。だけど、今山路さんがしたような話になると、つい否定的な立場に立っちゃうんだよね。

特に書き手を中心に「出版社不要論」を言うけれど、書き手そのものも同じ競争原理にさらされるわけですよね。

今進んでいるのは小林弘人さんの言う「誰でもメディア」化で、たとえば「電波の免許がないと参入できない」という壁がどんどん壊れて、既得権がなくなっていっているわけですよね。極端にいえば、誰でもテレビ局になれる。出版社だったら「書店に配本できる」という既得権が壊れている。しかし放送局や出版社といった既得権者が稼げなくなるのと同じように、プロの書き手だって、今までは自費出版・ミニコミとの間にあったかなり深い川がなくなり、競争せざるを得ない世界になると僕は思ってるんですよ。

山路……私も、そう思いますよ。

沢辺……ということは、今、雑誌に400字8,000円で書いているライターがいたとしても、もっと安くても書きたい人がいっぱいいるから、どんどん下がっていくんですよ。

山路……マネタイズの方法も多様化しているので、個々人が探していかなきゃいけないと思いますよ。

たとえば、本を出して講演につなげる人は、別に本の収入をあてにしてなかったりしますよね。極端に言えば原稿料は全部タダでもよくて、ちょっと高い金を出して名刺を刷っている感覚の人もいます。本を読者に売って金をもらうビジネス以外の食っていき方もさまざまあると思うんです。

沢辺……僕が言いたいのは、もちろん出版社も既得権が奪われるけど、それはライターも同じなんだということ。ところがライターの人たちは、どちらかというと、Amazonで印税が3割とれる、いや7割とれるとか、そっちに行きがちで。「あんたたちの商売も、実はものすごく厳しいんですよ」と言いたい。
山路……それは間違いない。
沢辺……僕も、出版社が生き延びる必要はないと思うんです。結果的に生き延びられるところがあるとは思うけど。
もう一つ言いたいのは、複数の人間がチームワークでコンテンツをつくることは、ますます重要だということ。
山路……出版社は、ある意味プロジェクトチームの集まりになっていくとも思います。

●電子書籍でパンが食えるか

沢辺……そういうふうに考えると、山路さんはたまたま特殊に能力があるので、著者の本質をわかりやすい文章にすることから、文章の構造化、プロモーションまで一人でやってしまったけれど、そこまで縦横無尽にできる編集者はいないし著者もいないと僕は思っているんです。だから、今までの出版社は自覚的ではなかったかもしれないけど、プロモーションできる人と研究者と普通の人をつなげるような人が「編集者」になる。
山路……うまく絵が描ける人とかね。
沢辺……そうそう。本当にごくごく少数の人以外は、うまくチーム化した作業にはやっぱり勝てない。
山路……はい、私もそれは完全に同意ですよ。
沢辺……出版社という呼び方でなくても、コンテンツチームでも何でもいいんだけど、既存の出版社がチームを動かす役割をきちっと果たしていけるなら、結果的に生き延びるでしょう。
山路……私も、電波権と同じように持っているだけで飯を食える状況ではなくなると言っているだけなので、同じですよね。

沢辺……そうそう。その中で山路さんは何をやりたいのかが聞きたい。

山路……自分が担うところは、恐らく著者、アイデアを持っている人と読者をうまくつなげるパイプなのかな、とは思っていますね。

沢辺……そうだね。僕も山路さんの仕事を見ていて、そこはすごくうまい人だと感じます。

山路……ありがとうございます。

沢辺……あえていやらしい言い方をすれば、研究者にはなりたくてもなれないわけですよ。

山路……もちろん。

沢辺……だけど、研究者は普通の人に通用する言葉で自らの研究の社会的な意味や技術的に優れている点を語り尽くせない人が多い。その研究者と読者の橋渡しができて、なおかつプロモーションもできるという山路さんの仕事はすごく重要だなって。

山路……そのチームの中に入るピースとして、もっと研鑽していかないといけないと思うんですけどね。

沢辺……でも、多くの編集者と決定的に違うのは、既に自分で電子書籍を出しているということですよ。

山路……はっきりいって誰でもできることです。

沢辺……だけど、現に周りを見渡して、その誰でもできることをやっている人はほとんどいない。

山路……いや、今はたくさんのツールがあります。たとえば、プロモーションサイトをつくるのに使ったWordPressにしても、オープンソースで無料ですよ。レンタルサーバーを借りていますけど、それも月額500円。子供にだって出せるお金です。WordPressの使い方だって、1冊の本をざっと読めば、誰にだって理解はできる。

沢辺……理解できないね。それはちょっと違うと思う。現に僕は

WordPressでサイト作れない。まあ、胸を張ることじゃないけどさ(笑)。

山路……そんなに難しいものじゃないですって。WordPressでサイトを立ち上げるくらい、ネットで探せば「ごろごろいる」レベルで、特別なスキルではありません。

沢辺……僕の感覚では、プログラムに明るい人も、これまでの話の大学の教授と同じように、ある種普通の言葉が通用しない人がいると思っているんですよ。

山路……一つのことに集中してやることも必要だと思うんです。直接多くの人に伝えられなくても、その人の言葉を解釈できる人に伝われば、その人が多くの人に伝えればいい。

沢辺……そうそう。だから、「あいつだけ」でもダメだし、「俺だけ」でもダメ。ドラッカーが「組織社会になる」と言っているとおりになると思う。

山路……しかも、昔の組織のように上から「おまえはこの役目」といわれるのではなくて、恐らくそこにいるメンツがそれぞれ「この中で自分はこれができるかな」と考えながら有機的につながっていく組織になると思います。

沢辺……ここまでは何となく見えるけど、一番見えないのは、その組織をどうやってパンを買う金に換えるのか、というところ。たとえば、あまり大きな声でいいたくないけど、2010年1月15日に「理想書店」から2冊の電子書籍を出して（※本書24ページ参照)、片方は無料で280ダウンロードくらい、有料のほうは10本しか買われなかった。値段が950円と高かったという問題もあるのかもしれないけど。

山路……ちょっと本筋とずれちゃいますけど、理想書店は露出が弱い気がしますよね。理想書店に行かないと、その電子書籍が出てることがわからない。多分、電子書店で売る場合、電子書店に並べるだけではダメで、その外でのプロモーションや、電子書店へのトラフィックをつくらないといけないんです。そのためのプロモーションの機能も、チームに必要なことだと思いますよ。イベントをやったら、その参加者を理想書店の本棚のところまで道筋をつけて引っ張ってくる行為が必要です。

沢辺……理想書店個別の露出度の弱さもあると思いますが、今のところ、電子書籍そのものの露出がまだまだで、紙の本、Amazonには圧倒的に敵わないですよね。だから、電子書籍市場を育てることも必要でね。みんながAmazonに行ってしまうのもどうかと。

山路……Googleで本のタイトルを検索すると、大抵はAmazonがトップに出ますよね。だから、単純にSEをやるだけでなく、イベントと絡めて大きな話題をつくることも含めて、新しい出版社の仕事の一つになってくると思います。ある意味、ネット広告代理店の役割を果たさなくてはいけなくなる。

●2010年代のライフスタイル

沢辺……それから、電子書籍のコンテンツの絶対量が増えるとか、ビュワーが進化してもっと読みやすくなることも必要ですよね。

来週Appleのタブレットが発表されるという噂があって、すごく楽しみにしているんですよ（2010年1月19日収録時。Appleのタブレット型パソコンiPadは1月27日に発表された）。iPhoneのときがそうだったけど、発売直後に1日でも早く欲しいと思ってる。最近こんなふうに思う製品は珍しい。

山路……それはありますね。昔は新しいものが出るとちょこちょこ買っていたのですが、最近は本当に、本ぐらいしか買わなくなりました。あとはiTunesストアで音楽を買ったり、アプリを買ったりで、物は買ってない。いろんなものが欲しいという欲求がなくなったかもしれません。
電子レンジはあるし、生活に必要なものはあるんだから。
沢辺……みんな内需拡大とか、日本は貧乏だから消費が伸びないとか言うけど、「買うものがない」という理由も大きいと思いますよ。
山路……最近読んだ『経験経済』（B・J・パインII&J・H・ギルモア著、岡本慶一&小高尚子訳、ダイヤモンド社、2005年）という本は、クリーニング屋のようなサービス産業はどんどんコモディティ〔*31〕になっていき、その次にくるのは経験を売ることだ、ということを説いた本でした。つまり、旅行に行って単にホテルや交通機関のサービスを提供するのではなく、素晴らしい経験を売ることがこれからの産業の主力になってくる、ということです。素晴らしい経験こそが大切な意味を持つ。多分、Appleはそういうところを突いているんだと思います。iPhoneや、iPod。iPodが出たときだって、「自分の部屋でずっと聞いているライブラリーを全部持ち出せて聞ける」という、製品というよりは経験を売っていた。そういう変化が起こっているということだと思います。
沢辺……僕も電子書籍に関していうと、たくさんの本が小さなデバイスの中に詰まっていて、飲み屋でお姉ちゃんとおしゃべりしながら、「この間読んだ宮部みゆきの『英雄の書』（毎日新聞社、2009年）、ファンタジーみたいでなめてたら、最後のセリフがむちゃくちゃよかったんだよ。ほらこれ」って実物を見せられたらうれしいな、ということですよ。今は「最後のセリフが良かったんだよ。何だっけな」となっちゃうけど。
山路……最初に使う目的がキャバクラなんですね（笑）。でも、そういう新しい経験をさせてくれそうな気がするから、わくわくするんですよね。

〔*31〕**コモディティ（Commodity）**……競合商品間の機能的な差がなくなって価格のみの競争になること。

沢辺……山路さんが目をつけている「環境」も、広い意味での経験のために割高な買い物をしてますもんね。安い電球なら100円で買えるのに1,200円ぐらいする蛍光灯にしたほうがいいと思って高いものを買ったり。

山路……そうですね。電気代が安くなるという理由だけではなく、ムーブメントに参加している喜びもあると思います。

沢辺……500円ジーパンも、生活に困って500円のジーパンしか買えないのではなくて、「ジーパンを500円で買う」ということがウケているという感じがします。ある種ゲーム的なね。

山路……100円ショップの社長がまさに同じことを言っていました。「これだけのものが100円で買えるのかという驚きを提供するのがうちの商売なんです」と。なるほどと思いましたよ。

沢辺……でも、それはもたないよね。「話題だから試しに買いにきました」なんて言ってる500円ジーパンのお客さんが、うちに帰ったら着れる洋服を捨てているわけでしょう。

山路……そこも難しいですね。これは単純にものを買う話ではなくて、いろんな衣装をとっかえひっかえ着たい人にとって、クローゼットのために部屋を用意しておくのか、あるいは500円で服を買ってきて使い捨てるのか、どっちが得かという話です。もしかしたら、使い捨てで服を買ったほうが安上がりになる人もいるかもしれない。だから、安い商品というより、高い付加価値を付けるものを見つけられないことが問題なのかと思います。

値段だけで言えば、もう限りなく安くなっている。それはデフレじゃなくて、自動でつくれるようになっているからで、その流れは止まらないでしょう。それより、「このジーパンは遠い国の貧しい人がつくりました」というような物語を付けてないと売れない。

沢辺……500円じゃなきゃ、着るものがなくて困る社会じゃないですからね。
若いやつはまだ貯金がないから「安い」も大切だと思うけど。でも、僕の使っている電子レンジは、もう15年使っているわけですよね。買った当時は何万円かしたけども、15年で割れば、1日当たり10何円という世界になってる。
でも、若いやつらはこれから買わなきゃいけないから、初期投資が掛かっちゃう。現に品物が良くなったから、10何年平気で持ったりして買い換える意欲もないわけですよね（笑）。壊れるまでいいやと。だから、生産の過剰でデフレが起こっているというよりも、僕たちにそんなに欲しいものがないって感じがする。
でも、お金に余裕があるから本屋に行って無駄遣いをするかというと、そういう無駄遣いも嫌だから、図書館で借りられるなら借りるという合理的な行動を思わず取っちゃう。
結局一種のゲームみたいに、図書館で借りて得した私がうれしいとか、話題の500円ジーパンを買えたのがうれしい、ということなんじゃないかな。ジーパン1本を持てないわけはないんだもん。
山路……それに、ジーパンの原価自体もともとそんなに高いわけじゃなかったというのも、あるとは思いますね。今までは、「リーバイス」のようなブランドを付けて、原価は数百円のものを数千円で売っていたわけですが、今はブランドという物語を面白いと思わなくなったのではないでしょうか。それよりも、すごく安いものを買えるゲームに参加するほうに価値を見いだすようになったのかなとも思うんですけどね。
沢辺……ありがとうございました。すごく面白かったです。いろいろ考えているし、適切ですよね。
山路……誰の言葉だったか、「フリーランスは、存在をみんなが忘れたら死ぬ」そうです（笑）。試行錯誤をやって、ちゃんと動いたことを人に見せていれば、その関係性の中で生き延びることができるみたいなところがあります。そうやって生き延びながら、ちゃんと金につなげていかないといけないですね。

沢辺……でも、金はあとからついてくるような気もします。最終的には、飢えなきゃいいわけで、それよりもAppストアで『弾言』『決弾』を売ることに価値を置きたいですよ。

(初出●ポット出版ウェブサイト「談話室沢辺」・2010年3月2日公開)

20年後の出版をどう定義するか

電子書籍や出版の未来をめぐって、
出版界の内外ではさまざまな意見が飛び交っている。
しかしそもそも、書籍が電子化されることの意味とは何だろうか?
「本であること」と「紙であること」はどう違い、どう結びついているのか?
電子書籍の権利やフォーマット、教育現場での使用に詳しい
東京電機大学出版局の植村八潮さんに訊いた。
(このインタビューは2010年3月27日に収録しました)

植村八潮(うえむら・やしお)
1956年生まれ。東京電機大学出版局長。日本出版学会副会長。共著に『情報は誰のものか?』(青弓社、2004年)、『出版メディア入門』(日本評論社、2006年)がある。

●電子書籍とは何か

植村……そもそも電子書籍、電子出版をどう定義するかによって、話は全然変わってくるよね。日本には電子書籍市場が全然成立していないと言う人もいるけど、ケータイコミックやカーナビの地図情報、電子辞書へのデータ提供などそれなりにやってきている。電子辞書なんて、日本が世界に誇れるコンテンツの再利用の仕組みだよ。上手くやれるところからやってきていて、一番やりにくいところを今までやってきていないだけだと思う。

沢辺……この間の電子書籍をめぐる議論の中で、僕が「足りない」と思っているのは、大元に立ち返った「編集の重要性」のような部分。それから、出版界のムードと出版界の外側で出版に興味がある人たちのムードが明確に違っていることも危惧している。

たとえば電書協［*1］での野間省伸さん（講談社）の挨拶は批判を受けてた。「著作者の利益、権利を確保すること」といった発言で「出版社は既得権を維持しようとしている」とねじれて理解されたり。ねじれて理解されるようなムード。それもわからなくもないんだけどね。でも、そこを打破したいんだけどさ。

植村……「電子書籍にどう対応しますか」という問いに対して、出版社は真面目に対応しようとしているし、既得権を守ることを中心に動いてはいないと思う。電子書籍は個別、地方戦ではけっこう成功している。一方みんなが騒いで主戦場だと思っている電子文芸書では確かにうまくいっていない。僕に言わせると、文芸書だけをみているからダメってだけで、その場所には今まで市場がなかったと割り切ってしまえばいいと思うんだけどね。

沢辺……植村さんは、そもそも今紙の本で読んでいる情報が電子に

［*1］**電書協（日本電子書籍出版社協会）**……電子書籍市場への対応に向け、2010年2月に設立された社団法人。前身は2000年に発足し、電子書籍販売サイト「電子文庫パブリ」を運営していた電子文庫出版社会。21社で設立され、2010年3月時点で31社が加盟している。

置き換わっていくと思いますか?

植村……何割とは言えないけど、必然的にかなりの量が置き換わっていくと思う。ただし、電子書籍がビジネス市場として成り立つのは、今紙であるコンテンツ以外の新しい作品が入ってきてから。市場を活性化していくのは、今ある紙の本のエネルギーではなくて、ディスプレイで文字を読む新たなコンテンツのエネルギーだね。

具体的にはケータイ小説みたいなもので、ケータイ小説がどれほど多くの若い人たちにディスプレイで文字を読むことを習慣化させたか考えてみてほしい。だけど、出版界の人たちはケータイ小説を出版とも小説とも認めないよね。こういうエネルギーを認めないのであれば、出版の将来は明るくない。

沢辺……そうだね。

植村……僕は一時期、時計をたとえ話に使っていた。

時計はかつて歯車ゼンマイの精密機械製品だけが「時計」と呼ばれていた。ところが昭和40年代前半、世界の三流時計メーカーだったセイコーやシチズンがクォーツ時計を開発し、スイスの時計メーカーに先駆けて腕時計として商品化していった。セイコーやシチズンが開発した新しい時計がその頃なんと呼ばれたかと言うと「電気時計」とか「電子時計」なんだよ。なぜかというと、それはそれまでの「時計」ではなかったから。時計王国スイスの人は「あんなのは電気屋が作る電機製品で、時計じゃない。二流メーカー三流メーカーにやらせとけばいいんだ」と考えた。

でも、私たちが今腕につけているものを、誰が電子時計と言いますか?

これは「時計」だよ。現代に生きる人のほとんどが使っている時計は、かつての定義で言えば時計ではなかったもの。「時計」という概念はそれだけ変わってきている。

だから「電子出版」「電子書籍」と呼んでいる間は、電子出版が出版に入り込んでいない証拠だね。CD-ROMやネット、ケータイが出てきたときに、10年もすれば、それらを当たり前のように「出版」と呼ぶ時代がくると思ってたけど、残念ながらまだまだ。それは出版の人たちの保守性が「出版」と「電子出版」の仕分けをしすぎているからだと思う。

でも、これは必ずしも出版社だけの責任ではなくて、読者の本に対する愛着や習慣が強すぎることもあると思う。まだまだ僕らはディスプレイで読むことを「本を読む」と感じていないからね。

沢辺……技術的にも、ディスプレイやネットワークが多くの人の実用に耐えうるところまで届いていなくて、紙の実用性にはほど遠いしね。

でもここ数年、特にネットワークの概念は劇的に変わったわけで、この先何が起こるかはわからないと思う。マクドナルドで当たり前のようにWi-Fi〔*2〕が使える時代は、ちょっと前には想像できなかったことだよ。

植村……普通、メディアが立ち上がるときは、技術的な進化の面と、社会の人々がメディアをどう発展させるか、という二つの側面を持つ。「とにかく技術が進めば広がるんだ」という技術決定論は技術屋の思い込みだと思う。技術屋は技術開発競争をするけど、競争の結果、すごく多機能になって使いにくくなったりして、むしろユーザーから飽きられてしまうことがままあるじゃない?

かつてのPDA〔*3〕がそうで、電

〔*2〕**Wi-Fi（ワイファイ）**……パソコン、スマートフォン、携帯ゲーム機などの無線LAN機器間の接続の国際規格。

〔*3〕**PDA（Personal Digital Assistant）**……スケジュール管理やメモなど手帳的な機能に特化した携帯情報端末。アメリカのPalm（パーム）から1996年にPalmが発売されたほか、国内ではシャープのZaurus（ザウルス）が1993年10月に発売されるなど複数のメーカーからリリースされた。現在は、iPhoneなど、通話機能のついたスマートフォンと呼ばれる端末に移行している。

子手帳からPDAへと使えない機能ばっかり持ち込んだことによって、PDAそのものが使われなくなってしまった。
技術開発が進んだからといって市場が広がるとは限らないし、たいした技術でなくても、人々が飽きずに楽しんで使うことによってメディアは発達するものだよ。
残念ながら今のところ電子出版は、技術的にも社会的にも、それほど大きな進歩の段階には来てないんだね。

沢辺……うん。たとえばケータイ小説や「電車男」〔*4〕のような電子状況を使った表現へのチャレンジはなされてはいるけど、それがまだ全面化していない。

植村……新しいメディアが成り立つかどうかの判断基準として、そのメディアの市場が、ちゃんとお金が動いて再生産できるメカニズムを持ち得ているか、という視点があると思う。みんながボランティアで作り上げている段階では、まだまだ社会性が確立されていない段階だよ。
サスティナブル〔*5〕とよく言うけど、そのシステムが自立的に再生産、拡大し続けながら、人々が生活できたり、営めたり、楽しむことができるように作り上げなくては、メディアとしては進んでいかず途絶えてしまう。金は儲からないけどパソコンに向かって書いている、という状態を否定はしないけど、そこから得るものがなくては進んで行かないでしょう。

沢辺……そこは植村さんと僕のズレを感じるところだなあ。

植村……でも、システムを運用するお金や、書き手に対して社会的な成果や名誉を与える仕組みがなければ、メディアは止まってい

〔*4〕**電車男**……インターネット掲示板「2ちゃんねる」への書き込みをもとにして生まれた恋愛小説。2004年に新潮社から書籍として発売され、その後も映画、テレビドラマ、漫画など複数のメディアに展開した。

〔*5〕**サスティナブル（Sustainable）**……持続可能性／Sustainability。特に環境問題について「資源を枯渇させず半永久的に使用できる範囲の消費体系」を指す。

くよ。だから今、ケータイ小説は急速に人気が衰えていっている。それはケータイ小説がシステムの内部に再生産のメカニズムを持ち得ていないからではないか。それでもある程度まで上手くいったけど、その先に、ケータイ小説をメディアにする力がなかった。もっといろんな方法で参入してよかったはずなのに、「魔法のiらんど」[*6]だけではメディアとしての定着が弱かったんだと思う。

沢辺……現にケータイ小説は、紙にしたときに売れなくなっているよね。

植村……うん。ただ、僕は紙にして売れなくなったのはいいけど、若い人たちがケータイで書くことで遊んだり、読むことを楽しんだり、コミュニケーションをとったりする市場が乏しくなっていくことが寂しい。

沢辺……決着はまだついていないんじゃない?

植村……もちろん。だから、新しいやり方を考え出す人が、ケータイ小説というメディアをより大きくするんだろうね。メディアというのは少し成長したと思うと上手くいかなくなって、それまでとは違うやり方を考えた人がもっと大きくしていくという、螺旋階段を上がるように広がっていくものだから。今は引き潮の段階で、次の波が来れば状況は変わると期待しているけど。

沢辺……たとえばiPadが普及したら、ケータイ小説の書き手が自分でイラストを描いたり、友達にイラストを描いてもらったり、いろんな工夫がなされるようになるとかね。

植村……あるいは、書き手そのものが作品を売って対価が得られるようになる。

沢辺……うーん。僕は、確かに再

[*6] **魔法のiらんど**……携帯電話向けの無料HP作成サービスを運営。小説執筆機能「BOOK」がケータイ小説ブームのきっかけとなったことからケータイ小説の草分け的存在。ケータイ小説ポータルサイト「魔法の図書館」(http://ip.tosp.co.jp/p.asp?i=mahobook)を運営し、人気作品を書籍化。複数のミリオンセラーが生まれている。2010年に書籍化を手がけるアスキー・メディアワークスが子会社化。

生産には売って対価が得られることが必要だっていうのもわかるけど、それだけでもない気がするんだよね。
たとえば学術出版の世界は「売って対価が得られるから、研究書が出る」というわけではないじゃない。
植村……学術出版の場合は、対価というよりも、「名誉」という強力なインセンティブが得られるから、それで人のモチベーションが高まるんだよ。
その意味では対価というよりはインセンティブだね。ケータイ小説だったら「ケータイ小説の女王」ともてはやされたり、実在する人間として評価されるというインセンティブを得られないと、書き手たちは書き続けられないと思うんだ。
インセンティブは大きく分けると金と名誉の二つだと思う。金は実利で、名誉は社会的な評価。たとえば学者だったら、社会的評価がなかったら大学の教授になれなかったり、ノーベル賞をもらえなかったりする。ノーベル賞が欲しくて何億という予算を国からとってきて、一生懸命競争しているよね。
でも今のケータイ小説は、ネットで匿名のまま書いて人気を得て、紙の本を出すときも匿名のままだったりするじゃない。それでは長く続いていかないと思う。
沢辺……ケータイ小説は「匿名」というより「ペンネーム」くらいの感じじゃないの?
植村……だけど、そのペンネームの人がリアルな世界で人気が出たことがある?　僕は知らない。
沢辺……そういう意味では匿名かもね。
植村……でしょ。魔法のiらんどは、ビジネスモデルとして作者を守って見せなかった。だから終わった。
もっと書き手をもてはやして、人気者にすればよかったんじゃないかな。
原宿を歩いていたらスカウトされてデビューしたモデルみたいにもてはやせば、もっともっと人が動いたかもしれない。

●ネット時代における編集者の仕事

沢辺……今メディアで起こっていることはどういうことだと思います? 僕は、『FREE』〔*7〕や『新世紀メディア論』、佐々木俊尚さんの一連の著作〔*8〕にある程度共感するところがあって、基本的にメディアの垣根がなくなっていく方向に進んでいくと思う。
小林弘人さんの言い方でいう「誰でもメディア化」の状況の中で、一部の人は「印税9割」とか言ってるけれど、書き手の立場から見たら、今よりもきつくなるはずだよね。つまり、今まで本を書く人は特権的な立場にいたけど、無料で書く人がたくさん生まれる状況では、その特権が崩れていくんだから。
植村……僕は誰でもメディア化することにおける底辺の広がりには期待するけど、一方で質を意味するピラミッドの高さを否定するのは間違いだと思う。
品質や価値観は個人の判断で押しつけるものではないし、Twitterで「飯食った」とか「どこどこ着いた」と書きこむことによる横の広がりも認めるけれど、本当に深くて必要な情報の価値は、それらとは別の軸としてちゃんとある。そこに対して集中的にコミットメントしてエネルギーを

〔*7〕**FREE(フリー)**……2009年にNHK出版より出版された邦訳書籍。クリス・アンダーソン著、小林弘人監修・解説、高橋則明訳。フリー(無料)とプレミアム(割増料金)を合わせた造語「フリーミアム」を新しいビジネスモデルとして提唱する。1万人限定で発売前にネットで全文公開された(定価1,800円+税/ISBN978-4-14-081404-8)。
〔*8〕**佐々木俊尚さんの一連の著作**……佐々木俊尚は1961年、兵庫県生まれの主にIT分野を専門にしたジャーナリスト。ソーシャルメディア化していく社会のゆくえを描く。著書に『ネット未来地図』(文春新書、2007年)、『インフォコモンズ』(講談社BIZ、2008年)、『電子書籍の衝撃』(ディスカヴァー携書、2010年)など。

かけなければ、信頼性や感動を与える力のある作品は生まれないと思うよ。
自分は表現することだけで生きていきたいと思う人間と、そういう人の作品を徹底的に世の中に広げたいと思う編集者がタッグを組んだ作品と、ブログで野放しに書かれた作品は別なんだからさ。
「誰でもメディア」と言ったとたんにすべてが横一列のように思われてしまうのは、僕は抵抗がある。
沢辺……僕も一列ではないと思うよ。そうではなくて、サッカー協会が日本全国に少年チームを作って底辺を広げたようなイメージ。底辺が広がることによって高さも高くなったわけでしょ？
植村……うん。テニスのときは、テニスコートが増えたにもかかわらず日本のトッププロのレベルは高くならなかった。それはなぜかというと、わいわい集まってテニスをやって、その後ファミレスでおしゃべりするようなおばさんたちを増やしたって、高さは上がらないからだよね。サッカーはそれを反省して、上を目指すことを底辺に教えたから上手くいった。
サッカーはピラミッドを高くする仕組みを作ったけど、「誰でもメディア」の状況は、今のところ、作家や作品の高さを上げる方向に向かっていないでしょ。
僕はCGM［*9］を否定はしないけど、CGMの動きは、かつて出版が担っていたような作品を作り上げる方向には向いていないと思う。今のところはね。
CGMビジネスは成立しないと言っているわけでも、生み出される作品が読み手やユーザーにとってつまらないと言っているわけでもなんでもない。

［*9］**CGM（Consumer Generated Media）**……消費者生成メディア。2ちゃんねるなどの掲示板やTwitter、mixiなどのソーシャルメディア、価格.comや食べログなどのクチコミサイトのような、多くのユーザーによる書き込みが構造化されて集積されることで、メディアとしての価値を生み出しているものの総体を指す。

でも、本当に人々を感動させる作品や価値ある作品、投資に見合う作品は、やっぱりお金とエネルギーと時間を投資しなくては生まれないと信じている。

沢辺……僕はそこはちょっとずれてると思うな。

植村……だけど、たとえばネットの中から「電車男」を見つけるのは偶然ではなくて、「電車男」を見つけ出して売っていくシステムが働いたからでしょ？

沢辺……うん。それはその通り。

植村……バジリコ［*10］や魔法のiらんどの人間がネットの中で書き手を探しまくって、人より早く見つけて交渉する、その仕事を僕は評価しているんだよ。昔だったら編集者が徹底的に文芸同人誌を集めて読んでいたのがネットになっただけだと言える。

重要なのは、そこで見つけた作品を世に出すエネルギーがなければ、優れた作品も世に出て行かない、ということ。

佐々木隆一［*11］さんがよく言っているけど、リヴァプールに音楽が好きで才能のある若者が4人いただけではビートルズは生まれないのであって、ビートルズを世界のビートルズに仕立てるためにはプロデューサーのジョージ・マーティンやスタッフの存在があり、EMIによる投資が必要だったわけだ。誰かが、その役割を果たすことは今後も変わらない。

ただ、こういうことを言うと「だから出版社は必要だ」と受け取る人がいるから癪なんだけど、違う。現状の出版社がこの先その役割を果たすとは全然思っていない。今の出版社の連中の体たらくではできなくて、バジリコや

［*10］**バジリコ**……翔泳社を創業した長廻健太郎が2001年に設立した出版社。主な出版物に『邪悪なものの鎮め方』（内田樹著、2010年）、『訳者解説』（山形浩生著、2009年）、『新世紀メディア論』（小林弘人著、2009年）など。

［*11］**佐々木隆一**……1945年、神奈川県生まれ。1996年に音楽配信会社ミュージック・シーオー・ジェーピーを設立。2005年、電子出版流通のプラットフォーム事業を行なうモバイルブック・ジェーピーを設立。現在同社の代表取締役会長を務める。

魔法のiらんど的なセンスを持っている連中のほうが上手いと思う。
小林さんが自分のことを「いまだに出版人だと思っています」というのはそういうことだよね。彼が果たしている役割こそが、このネット時代における編集者の仕事。
そういった意味での編集者として自身の存在を賭けるやつがいなければ、やっぱり人々を魅了する作品は生まれていかないし、世に広まらないだろうと思う。
出版社なんか潰れてもいいんだよ。何もできない70過ぎのおっさんたちが集まって「既得権益」だと思われるんだったら、潰れちゃったほうがいい。
沢辺……そうだよね。たとえば野間さんが「作家を育てる役割」と言ったけど、そこにある胡散臭さは「作家を育てる」ということそのものの胡散臭さというよりも、「出版社は本当にそれをやってるの?」という胡散臭さだと思う。やっている人もいるのはわかるけど、胸を張って「育てている」と言えるのかな?
植村……僕はその胡散臭さは、紙しかなかった時代では正しかったことしか意識していなくて、デジタルにおける広がりが見えないから感じるものだと思う。
もし「我々は新たなクリエイターを育てることにおいてネットとも付き合うし、ボーンデジタル［*12］の作品を作り上げたいと思っている。そして、そのことのノウハウは自分たちが一番知っているつもりだ。もし俺たちよりも編集のノウハウがあると言うなら出てきてくれ。俺はいつでも胸を貸すよ」とでも言ってくれたら、もうちょっと違うんだと思うけど。
今後は紙の外の部分での勝負が増えてくると思うよ。
だから僕らは、魔法のiらんどがやったことをもっと評価しなくてはいけない。

［*12］**ボーンデジタル（Bone-digital）**……はじめからデジタルデータとしてつくられ、公開・発売されるもの。

●なぜ電子化は進むのか？

沢辺……紙の本は電子化はされていく、というところに話を戻すと、そもそもなぜ紙の本は電子化されていくと思う？

植村……それは、電子書籍が従来の紙での流通速度と複製手段をはるかに凌駕する機能をもっているから。印刷技術の登場が何をもたらしたかを一言で言えば「大量複製」だよね。それまでは手書きで複製していたけど、大量に複製可能にしてくれた。

これが何をもたらしたかというと、まず科学技術の進歩がある。全く同じものが複数存在することで変更不可能性が生まれるので、情報を完全に定着させることができる。

沢辺……それはたとえば、悪い弟子が先生の書いたものを勝手に書きかえたりできなくなるので信頼性が生まれる、ということだよね。

植村……逆に言うと、先生が「俺はここまでわかったけど、この先はわからん」と書いておけば、その弟子が「先生がわからないと書いたことはこうだった」とわかるのが科学技術の進め方だとも言えるよね。

印刷技術によって、前の人があるところまでやったものに基づいて次の世代がさらに積み重ねていく仕組みを持ち得たから、科学は発展していけた。

それから、ただ複製するだけじゃなく、パッケージ化して流通させられるようになった。今ここで沢辺さんと話している声は「今ここ」で終わっちゃう、再現できないものだけど、紙に残しておけば東京から北海道に届けることができるし、時間を越えて明日にも届けることができる。複製できるようになったことで、空間的制約と時間的制約を越えたんだよね。

でも、印刷技術による複製は装置産業として金がかかったから、印刷会社や技術者のような特権的な連中しか複製できなかった。

その投資を保護するために「出版権」(copyright) ができたのだけど、今は誰もが複製できて、しかも誰もが世界中に流通させられる時代。
ITにより印刷をはるかに凌駕した複製速度、流通速度を持った仕組みが、普通の人の手に入ったのだと考えれば、印刷技術の登場よりも遥かにすごい文化形成力があるのは当然だよ。
沢辺……印刷物よりも低コストで劣化せず、時空も空間も越えていくんだからね。
植村……うん。電子書籍、デジタル技術って、マルチメディア化の方向に進むと思われてたし、今もまた「iPadならこんなことまでできる」と派手に書いた記事が話題になってるよね。でも、「そうじゃないだろう」と思う。
文字は言語そのものであり、私たちの一番基本であるコミュニケーションなんだから。
文字表現がさらに速度を増して、さらに距離と時間を越えて複製されることが重要なのであって、デジタル技術の発展の本質はマルチメディア化じゃないよ。
「教科書も何も、すべてがマルチメディア [*13] になる」と言われたこともあったけど、実際そんなことは起こってないじゃない。ブログもSNSもTwitterもケータイメールもケータイ小説も、みんな「文字」だった。
だから電子書籍のことを考えるときも、膨大な文字流通のほうを意識するべきだと思う。
だとしたら、これこそ出版がやってる根幹だよ。
沢辺……僕も、「書籍とは何か」を考えるとき、書記言語であることは大きいと思うんだよね。もちろ

[*13] **マルチメディア (Multimedia)** ……一つのコンテンツの中にテキストや動画、音楽など複数のメディアが含まれるもの。ここでは、クリックするたびに動いたり音が出るようなものを想定している。

ん、現に本に写真やグラフが載っているように、動画が電子本に載ることはあって当然だし、文字以外を排除するわけじゃないんだけど。

植村……何かの意思を伝えたり議論を積み重ねたりするときは、やっぱり言語で表現することが中心で、そこでは、言語の考えを助けるために図や表や動画や音がある。

沢辺……そうそう。録画しておいたビデオ、今だったらHDDやDVDって、録画しただけで見てないものが溜まっちゃったりするじゃない。

あれは、2時間なら2時間、1時間なら1時間と、一定の時間拘束されることに対する抵抗感じゃないかと思う。動画だと進むスピードも全員に対して同じ。

でも、本は拾い読みもできるし、じっくりと、しゃべるスピードよりもさらにゆっくり読むこともできる。自分で自由に選択できるんだよね。

植村……その分野に熟達した人は早く読む一方で、入門者は丁寧に読んだり、同じコンテンツでも利用の仕方が変わるよね。

もちろん、それが本の特徴だとして、映画と比べてどちらが上か下かということはない。完全にストーリーの中に時間を任せてしまう満足感は、映画でないと得られないものがあるしね。

ただ、表現の多様性においては一番シンプルなはずの文字が実は一番深いと思う。小説を読む想像力や、そこで作られる世界観は、読み手に任せれば、任せるほど満足や感動が深くなったりするじゃない。

人間がいる限り想像力はなくならないし、言語である以上、文字表現も絶対に滅びない。

だとしたら、今後も出版が文字表現をベースとした情報流通をしていくのなら、滅びるわけがないんだよね。
紙はなくなるかもしれないけど、文字はなくならないよ。

●教科書が電子にならない理由

沢辺……よく植村さんが「教科書は電子にならない」と言うのはなぜなの?

植村……厳密に言えば、「現在の授業形態の中で、今の教科書をそのまま電子化しても使えない」ということ。少し手前から説明すると、現在の学校教育の一斉授業のシステムは、固定的な、ページ概念を持った本の上で成り立っているところがあるんだよね。
たとえば、先生が「35ページの上から2段目から読んで」と言えば全員が35ページの2段目という同一のコンテンツにたどり着けるような、印刷書籍がもたらした世界観に強く貼り付いて存在している。だから一人一台パソコンを使う授業は失敗したんだと思う。
それぞれの手元にパソコンがあると、生徒全員が自分の手元のパソコンを見て先生を見なくなる。そうすると先生は生徒をコントロールできなくなっちゃうよね。
やっぱり教育には、先生が「ハイここ見て」と黒板をポンと指したときに40人の目を集める、という人間くささが含まれているんだよ。教科書も、そういう人間くささの中に位置づけられていると思う。

沢辺……確かに、そこには身体性が必要だよね。

植村……東京電機大学ではeラーニング実験もやっているけど、やっぱりまどろっこしくなるんだって。先生がカーソル動かすと全員の画面のカーソルが動くといっても、直接的なコミュニケーションのほうがどれだけ優れているか。それは「さあみんな、わかりましたね」と言った瞬間にみんなの心が頷くのを感じて次に進めるのと、「わかりましたか」と言ったあとに、みんなのカーソルが動くのを眺めるまどろっこしさを比べれば明らかだよね。
そんなことをしていては、教室という空間で一斉授業をやる意味がない。
教科書が自習書として果たす役割と、教室において果たす役割は明らかに違う。今の教科書のシステムは学校教育の一斉授業の中で、かなり鍛えられてきてるから、そのままでは電子にはならないと思う。
各人の手元にモニターがあると、先生が教室の生徒全員をコントロールして一点に集中させる力は落ちると言わざるを得ないよね。人間が指さしたほうが上手にできることを、技術にやらせる必要があるんだろうか。技術決定論的にすべてを技術に置き換えなきゃいけない理由は全然なくて、私たち人間同士のコミュニケーションとしての「教えあう／学ぶ」という環境を維持したほうがいいと思うよ。
沢辺……身体性の話でいうと、直接会ってネゴ（ネゴシエーション／交渉）するのと、電話でネゴするのと、メールでネゴするのって、成功度が違ったりするよね。
植村……完全にそうだよ。我々も物理的な存在なんだから、人間が果たし得る役割は今後とも変わらないよ。全部技術で解決するなんてのは、幻想だよね。
もちろん、今のe-bookリーダーが技術的に未熟なものだったり、僕らが使い方をちゃんと理解できていない、ということはあるかもしれないんだけど、本というのは、本そのものとして独立して存在しているだけじゃなくて、ある社会的・文化的なシステムに組み込まれているものだから。そのシステムの中での電子化を考えるなら、今まで本でできなかったことを加味する方向に発展しなければいけないと思う。

たとえば、風邪を引いて休んでいる生徒が自宅から授業を覗けるようになる、という方向でないとメリットはない。
むしろ電子化のデメリットはいくらでもあって、たとえば「あれはどこに書いてあったかな」と本をぱらぱらめくって探すときの一覧性は、e-bookリーダーのほうがはるかに低い。
沢辺……でも、e-bookリーダーだったら検索できるんじゃないの?
植村……検索は、検索キーワードがないと見つけられないんだよ。本だったら「あれってなんだっけ」というぼんやりした記憶で探せる。決まったキーワードを探す速度では人間はコンピューターに追いつけないけど、曖昧な言葉から特定する能力は、まだ人間のほうが高いからさ。

●紙であることの利点

植村……読書を身体論だけで語るのはどうかと思うけど、本を読むという行為は紙の上にある文字をただ目で見る、視覚だけを使うものじゃないしね。手で持ってめくりながら読んでるから触覚も使っているし、300ページの本の290ページまで読み終わったら、「さあ終わりだ」と思うじゃない。どこで終わるかを感じないままに、ディスプレイの中にある物語を読み続けるなんてできるだろうか。
沢辺……それは植村さんや僕たちの世代の保守性である可能性もあるけど、僕も「自分は今どこにいるのか」がわからないのが電子書籍を読んでいて一番不安。
スクロールバーのあるウェブブラウザのほうが、まだ全容がわかる。T-Timeや他の電子書籍のブラウザにそういう表示が全くないかというと、そんなことはないんだけどさ。
植村……それはやっぱり、電子書籍はストーリーの中の位置を視覚でしか確認できないからだと思うよ。紙の本のときは視覚だけじゃなく、手に持ったときの厚みを触覚で確認しているから、いちいち目で確認しなくてもいいんだよね。

沢辺……でもウェブブラウザのスクロールバーでなんとなく位置確認ができる感じには慣れたから、電子書籍を読むときの感覚も、ひょっとしたら慣れるのかもしれない。

植村……スクロールバーやパーセントでの表示に慣れるかもしれないし、今のケータイ小説のように限りなく短くセンテンスで区切って、振り返ることのないような、クリック感で読むようなものに中身のほうが変わってくるかもしれないね。

沢辺……こんな話をしてると、非出版社系の人にはノスタルジーと思われるだろうね（笑）。

ちょっと横道にそれるけど、電子ジャーナル［*14］花ざかりの大学図書館の人と話してると、研究者たちはみんなPDFをプリントアウトして、そこに線を引いたり綴じたりしてるんだってね。iPadやKindleが話題になっているけど、研究者たちは電子のまま利用なんかしちゃいなくて、ある意味でオンデマンド印刷のようなことをやってるんだってさ。

植村……図書館情報学の研究者で電子ジャーナルヘビーユーザーがTwitterに書いていたけど、これまでとの違いは「いつでもプリントアウトできていつでも捨てられること」なんだって。

大量に読むにはやっぱり紙じゃなきゃダメなんだけど、大量に紙で読んで、必要でなくなったらすぐ捨てられて、また欲しくなったらすぐプリントアウトすることができることが良いんだ。

だから電子ジャーナル好きの研究者は、電子ジャーナルをディスプレイで読むことが好きなのではなくて、いつでもどこでも検索できることが好きなんだよね。

沢辺……この「談話室沢辺」という

［*14］**電子ジャーナル**……デジタルデータで発行された学術雑誌。学術出版社や、大学などの研究機関がPDFやHTMLの形式で提供している。

コーナーも2時間、3時間とインタビューするから、けっこう長文になるんだよね。そうすると「読み切れないで今日は止めました」というコメントも見たりする。
たしかに、ディスプレイで何万字も読みたくない気持ちはよくわかるよ。
でもそれはデバイスの進歩で解消されると思ってる。
植村……電子ジャーナルは、明らかに紙の論文の形式を踏襲したもので、「紙によって保証された」という前提の上にしか電子ジャーナルは成立してない。紙の上での査読〔*15〕やレフェリーという手続きを踏まえた上で、最後に電子データで提供してるだけ。DNAは明らかに紙なんだよね。
沢辺……査読やレフェリーは電子上でやってもいいんじゃないの?
植村……もちろん、電子的なデータで送って「査読して下さい」ということは今でもあるけど、僕がレフェリーを担当して読むときは電子データをプリントアウトして読んで、それに対してメールでコメントしたりしてる。だから紙でやってることと行為的には変わらない。
いまだに論文を「ペーパー」と呼んでいるように、ページ数に関するルールもかつての論文誌の制約を踏襲している。本当に重要なものはページ数の制約を無視してもいいはずなのに、そのルールは電子になっても全然外れていってないんだよ。
沢辺……それは「過渡期だから」のような気がするけどな。
植村……ネットでしかできない方法として「Nature」が「Nature Peer Review」〔*16〕という名前の公開査読を試みたけど、半年で中止している。なぜかというと、研究者は忙しいから。「査読を願いします」と言うと「えー。締切

〔*15〕**査読**……Peer Review。審査(レフェリー/Refereeing)とも。学術論文が学術雑誌などで公開される前に、同分野の複数の研究者が無償で内容を精査すること。

いつ?」と言いながら、「しょうがねえな。これも学会員の役割だからな」ってギリギリになって査読が返ってくるのが普通なんだよ。だからオープンにして「いつでもいいです。みんなでコメントしましょう」では誰もコメントしない。で、「過渡期」にありがちな話なんだけど、すごい好きモノ、悪く言えばすごく偏屈なオタクがひたすらコメントし続けることになって、うまくいかなくなる。

沢辺……「Nature」の場合は特殊事情で、あんまり普遍化はできないと思うよ。

●20年後の「出版」をどう定義するか

沢辺……紙と電子の割合が今後どうなっていくかはわからない?

植村……僕が人前で話すときは、長尾真先生の電子図書館に関する論文(『電子図書館時代へ向けての大規模図書館の未来像』)を引用するんだよね。1996年に書かれた長尾先生の論文には「今から20〜30年後には、出版されるものの70%は電子形態のみになる。残りの30%は紙と電子と両方で」と書いてある。論文で「20〜30年後」と書いてから、もう14年たったけど、僕は「今から20年後に、70%が電子形態のみになると思う人は手を挙げて」と必ず聞くようにしてる。

どれくらい手が挙がるかはオーディエンスによってすごく差があって、印刷会社の人たちはけっこう手が挙がる。それはやっぱり、印刷は技術によって進化してきたから。印刷会社の中には、ディスプレイでの文字表現をやってる人が一杯いるよ。

出版社の人たちはあんまり手を挙げない。出版社でも電子出版をやっているところは手を挙げるけど、出版社のオーナーを相手にした講演では、あまり挙がらない。

[*16] Nature(ネイチャー)/Nature Peer Review(ネイチャー・ピア・レビュー)……1869年にイギリスで創刊された学術雑誌。2006年にオンライン上での査読システムNature Peer Reviewが試験的にスタートしたが、正式化には至らなかった。

理工学部の学生に聞くと、かなり手が挙がる。まあ、元々理工系の学生が技術オタクで本を読まないこともあるかもしれないけど。
文学部にいる学生に聞くと手が挙がらない。文学部に行くような学生は、紙の本が大好きだからね。
一番挙がらないのは図書館で、図書館の人は本当に紙の本だけが図書だと思ってるように感じる。
沢辺……図書館の人は、紙の本以外のことを知らないんだよな。
植村……知りたがってないのかもね。毎日目の前に膨大な量の紙の本があって、愛着もあるだろうし。
僕がこの質問で聞きたいのは「20年後に7割が電子だけになるかどうか」ではなくて、みんなが「20年後の出版をどう定義したか」なんだ。
もし出版という概念を広く捉えたら、当然7割は電子形態にしかならないですよ。だって、今ですらケータイ小説が120万点あるんだよ。どれを1点ととるかの議論は残るけど、とにかく120万点ある。それに対して現在流通している紙の本は80万点と言われていて、そのうち書店で買えるのは多分60万点くらい。120万対60万だとしたら、すでに70%が電子形態でしか手に入らない状態だよ。
だからケータイ小説を出版だとすれば、すでに過半数が電子書籍でしか手に入らない。ブログやTwitterまでパブリッシュだとしたら、もっと圧倒的なデータ量だよ。当然、紙のほうが少ないよね。
逆に、出版社が編集して流通させる現行のシステムに限定して捉えたら、20年経ってもそれほど変わらないと思うよ。でも、紙の市場がシュリンクしていこうというときに、出版を狭く限定的に定義したら、出版の将来性はますます小さくなるよね。
出版が培ってきた役割は間違いなくあるんだから、その役割を電子によってさらに実現していく、という発想を持つべきだと思う。

僕は学術書出版とか専門書出版の世界に出自があるし、学術情報における出版社の役割は、かなりしっかりあったと思ってる。
たとえば学術出版の世界では、知識という宝庫に続く門の前で待っている「知のゲートキーパー」「知の門衛」が出版社だって言われてる。
出版社のドアをノックしてその中に入れば、出版社によって保証される、手続きを通った作品がある、ということ。
今はその役割を果たすことが難しくなって来ているけど、もしかしたらITによって再生できるかもしれない。あるいは厳しくなってきた学術出版を電子化によって、より推し進められるんじゃないかな。僕はポジティブに捉えてるよ。
従来の出版の仕事に限定したとしても、電子化の中で果たす役割はあるんだからさ。
いっぽう、ケータイ小説のような、我々がまったく想定しなかったものがドンと来ることにも期待したい。

●「いつでもアクセスできる」だけで価値がある

沢辺……読者の権利の方向はどう思ってますか？　今の読者の権利は、物体としての本を買うと、その物体をどのように処分してもいいでしょ。古本屋に売ってもいいし。
植村……物理的にはね。それは著作権が切れてるから。現状の著作権は古本屋に売るところまではコントロールしないということになっている。ファーストセールドクトリン、日本語で言うと「消尽」だけど、著作権は最初の読者で役割を果たしたと考えられているわけだよね。
沢辺……僕は今後の読者の権利は「アクセス権」になるんだと思う。コンテンツに対してアクセスする権利。今は物体を所有する「所有権」だけど。

植村……Kindleの『1984』事件〔*17〕があったよね。『1984』を買った読者は権利を買ったつもりだったのに、嫌だと拒否することもできずに、一方的に消されてしまった、ということで問題になった。

沢辺……そっちの問題でもあるし、物体を所有する権利じゃなくて、アクセスする権利になると思う。

植村……でも、デジタルコンテンツは、そもそも「物体の所有」ではないでしょ？

沢辺……ハードディスクの中のデータが物体じゃないといえばそうだけど、一つのコピーの所有権を渡しているとも考えられない?

植村……いや、「所有権」ならば人に渡してもいいはずで、人には渡せないのだから、所有権という言葉ではデジタルデータは整理がつかないと思うよ。

デジタルデータになって、所有権から「読む権利」になったとき、電子書籍を買うことは、図書館における貸出やDVDのレンタルとどう違うんだろうか。僕はそもそも、図書館がネットを通じて本を貸し出す必要はないと思うんだけど。

沢辺……これは妄想で、技術開発が進めば状況は変わってくると思うけど、たとえばポット出版の本が図書館で購入され、それが貸し出されようが、誰にも読まれなかろうが、今は1冊分のお金をいただけるわけですよね。

でも「アクセス権」の概念に近くなっていくと、デジタルデータの提供は無料で、実際に利用者が読んだ分だけ、著作権者や出版社に利用料を払う、というかたちになっていくと思うんだ。

〔*17〕**『1984』事件**……イギリスの小説家ジョージ・オーウェル（George Orwell、1903〜1950年）が1949年に著した小説『1984』の電子書籍がKindleストアで発売されたが、著作権上の問題があることが発覚し、ユーザーが自分のKindle端末にダウンロードした書籍のデータを、書籍に付随したメモごとAmazon.comが無断で削除したことで問題になった。ちなみに、『1984』は監視社会の恐怖を描いた小説だった。

植村……そうじゃなくて、まずデータを図書館に置くところで半値を払ってもらったほうがいいんじゃない？　今でいう「本が館のなかにある」状態、つまり、「本のデータをいつでも自由に貸し出せる」状態で半値を払って、そこから先は利用された分、というかたちのほうがいいと思う。だって、館に置かれなければそもそもアクセスできないんだから。「アーカイブはでかいほど価値がある」ということもあるし、貸し出されることはなくても、置かれただけで価値は発生しているよ。

沢辺……そうすると、「館のなかにある」という概念も必要なくならないかな？　個別の図書館がデータを持つ必要はなくて、図書館協会のようなところのサーバーにすべてのタイトルを入れておいて、個別の図書館はそこからデータをもってくればいい。

植村……デジタルアーカイブになれば、個別の図書館がハブになる必要はなくなるかもしれないね。利用者は中央サーバーに置かれたデータに直接アクセスすればいいんだから。

沢辺……そのときのアクセス料金は、AmazonのKindleで買うときより安くなければならないと思うけど、無料はあり得ないよね。利用者にとっては無料になるかもしれないけれど、その場合は税金でカバーしなくちゃいけない。

植村……図書館の人たちは「税金でやって国民に無料でネット貸出をしたい」と思うかもしれないけど、その前に「ネット時代に公共図書館が必要か」を論じるべき。個別の公共図書館をなくしたら、その分の予算を国会図書館のデジタルアーカイブに回してすばらしいアーカイブができるかもしれないんだから。

僕は「有料レンタル」の領域を、「デジタル書籍を購入」という領域とは別に残しておかなければならないと思う。そして、デジタルコンテンツの図書館でのレンタルは、「有料レンタル」という概念にすべき。最近、国立国会図書館の長尾館長は「有料閲覧」という言葉を使っているよね。前は「自宅から借りられるようにします。それにお金を払ってもらってもいいですね」という言い方だったのが、「閲覧行為を有料化する」に変わった。これへの反発は出版界よりも図書館界のほうが猛烈にでるよ。でも僕は、これがチャンスだと思う。有料閲覧を定着させていかなくちゃ。

沢辺……デジタルは、使われた回数がカウントしやすいしね。

植村……今までの図書館ではなぜカウントしていなかったかというと、カウントできなかったからでしょ？　ドイツでコピー機の購入費に著作権料を上乗せしているのは、利用回数をカウントできなかったからなのと同じように。いわゆる補償金制度だよね。版面権の導入を検討したときに複写機メーカーが反対したのは、日本もドイツと同じように補償金をコピー機の価格に上乗せせざるを得なくなるのでは、と考えたからだよね。

でもデジタルなら、読まれた回数は完全にカウントできる。夢のような話かもしれないけど、書籍をコピーしたら、そのページの情報から書籍を特定して、著作権者にお金が行くようになればいいよね。

沢辺……それは妥当だと思うけど、僕は逆に怖い部分もあるよ。ポット出版が出している「ず・ぼん」は「図書館とメディアの本」という狭いターゲットに向けたものですよ。でも図書館の本だから、全国にある図書館がけっこう買ってくれるんですよ。今は買ってくれた分が利用者に読まれようが読まれまいが、1冊分のお金をもらえてるよね。でもそれが完全に利用回数に応じたものになってしまったら、今よりも入ってくるお金は減ってしまうかもしれない。

でもそれはしょうがないと思ってるよ。図書館員がチョイスしたことにお金が払われる時代から、利用者がチョイスしたことにお金が払われる時代に移るのはしょうがない。

植村……よく、「雑誌を記事単位で売ったら食えなくなる」という議論があるじゃない。雑誌は記事の集合体で、メインの記事やコラム記事などが、頭からお尻まで、流れに沿って配列された「雑」というパッケージを売っているものだから、記事単位では成立し得ない、という話。

だったら雑誌の記事単位の配信は、今のモデルではなくて、まずパッケージを買うところで課金をするモデルにすればいい。その上で、記事単位に売らないと。

図書館が利用者に「今月号のうちAの記事を読むかBの記事を読むか」という選択肢を提供した時点でサービスが成立してるんだから、そこで基本料金が支払われるべきだよ。その上で、記事ごとのチャージが入るんだと思う。「一つも記事が読まれなければゼロ」というスタート地点ではなく、電気、ガス、水道料金のように「基本料金+チャージ」ですべて成立すると、僕は思うけどね。

積ん読に意味があるのは、いつでもアクセスできる権利を買ったことになるからだよ。だから「いつでもアクセスできる権利にお金を払う」というモデルは既に成立してる。

デジタルの百科事典が出て、パソコンさえあればいつでも百科事典にアクセスできるようになったとき「こんなに便利な時代はないな」と思ったよ。これは「アクセス権」でしょう。

だから「アクセス権」という線は間違ってないと思う。あとは、時間軸の値段設定。「永久アクセス権」と「時間限定アクセス権」の値段の違いが問題になってくる。

デジタルのビジネスにおいては、これまでの出版物の延長で考えてはいけないと思うよ。

●ネット時代の図書館の意義

植村……アクセス権をもう一度確認したいんだけど、「Kindleで本を買う」のは、そもそも「永久アクセス権」を買うことだったんじゃないのかな。それに対して図書館で本を借りるのは「期間限定」というルールのもとで物理的な本を無料で読める。そうすると、「アクセス権」も期間限定になるのかな。
そして、情報というのはどうしても時間軸で価値逓減していくから、期限を限定するしかない。だから特許も著作権も期限がある。
著者が死んで50年経ったら権利がなくなるように、時間が経てばいずれフリーで使えるようになるものだから。
そうすると、図書館は限定する期間が狭いから安い、というルールだとも考えられる。かたや永久、かたや1週間単位で、読み切れなければもう1度借りてください、というかたち。レンタルDVDと一緒だよ。レンタルDVDを借りるときも、1日延滞したらまた1日分取られるという約束で借りることができる。
僕が「図書館がネットでコンテンツを提供するサービスをする必要はない」と考えるのは、そこは税金で運営する範囲ではないと思うからですよ。
私たちのお金で価値を見出して市場を作る、産業を作る、というのが資本主義の美徳だとしたら、僕は「レンタルビデオってなんてすばらしいんだろう」と思う。図書館が紙の本にこだわっている間に、DVDを貸し出すというすばらしいサービスをしてくれて、カウンターにいる人も歯切れよく応対してくれる。
図書館でDVDを借りようとすれば品揃えも少ないし、言ってはなんだけど、愛想のよくないカウンターで借りなくてはいけない。品揃えとサービスの面では、図書館よりもTSUTAYAのほうが圧倒的にいいんだから。もしTSUTAYAのサービスがなくて「DVDの貸出は図書館のサービスです」となっていたら、我々は今のようにDVDを借りる環境を持ち得てないと思う。これこそ、民間にやらせたからこそ素晴らしいサービスになっているものだし。ネットでコンテンツを流通させるのも民間のほうが絶対うまくいくよ。

図書館は物理的な「館」にとどまるべきだと思う。紙の本はタフだから、紙の本を借りていく、という部分を深めていけばいいんだよ。皆が思うほど、すべてがデジタルにいくわけではないんだから。

教育がいかに人と人のコミュニケーションで成立しているかという話をしたけれど、それと同じように、図書館というリアルな場でやれるサービスはもっとあると思う。

図書館の人たちは、もっとそっちの議論をすればいいと思うな。

沢辺……今の図書館の人たちは、特に長尾さんを先頭にむしろデジタルのほうに話が向かっていて、「夢の電子図書館構想」という大目標があるけど、その方向ではないということだよね。

植村……ゆうき図書館〔***18**〕のように、「館」に来させるためにデジタルがある、館の中がいかに楽しいかを伝えるためにネットがある、としなくちゃ。あるいは館の中からネットワークを使って本の楽しさを演出してくれればいい。

沢辺……地域図書館にもう一つ意味があるとしたら、渋谷図書館なら渋谷図書館でしか集められない情報を集める場所としての価値だよね。

植村……うん。中央サーバー「だけ」なんてことがあり得ないのは、絶対に地域でしか知ることのできない情報があるからだよ。

沢辺……たとえば、地域の小学校が生徒に出したテスト問題を、図書館がすべて保存しておくとかね。そうすると、大人になったときに

〔***18**〕**ゆうき図書館**……茨城県結城市にある市立図書館。2004年5月にオープン。資料総数は約16万点で、110台の利用者向けノートパソコン、400誌以上を所蔵する雑誌が特徴。はてなやGoogleのサービスを利用した資料公開も行なっている。（http://www.lib-yuki.net/）

自分が受けたテストが見れる。

植村……あるいは、地域で配っている新聞のチラシを集めるとかね。何十年分ものチラシのアーカイブがあったら、メディア研究者は喜ぶよね。『東大紛争の記録』(日本評論社、1969年)という本は、全共闘立看板やアジビラまで集めて社会学的に分析した本だけど、それと同じように、スーパーのチラシのアーカイブだって第一級の資料になる。「ぱど」〔*19〕のような地域密着のタウン誌だって貴重なものだと思うけど、発行元だって全部のバックナンバーを保存していないんじゃないかな。そういった資料を保存するのが、地域図書館の本当の役割だよ。

沢辺……今デジタル化の方向を突き詰めれば、地域図書館はいらなくなっちゃうんだからね。

●著作物の利用を許諾するのは誰か

沢辺……DRM〔*20〕についてはどう思う?　この前山路達也さんという、小飼弾さんの本を共同著作者として作ったフリーの編集者に話を聞いて、ポット出版のウェブサイトに載せたんですよ(※本書72ページ〜「電子出版時代の編集者」)。そうしたらある人がその記事を面白がってくれて、対談の文章をコピペして、4回くらいTwitterで書いたんだよね。「面白かったので、ついつい一杯引用してしまいました」なんて言って。

だから僕は、別に怒ったわけじゃないんだけど、「引用じゃなくて利用だよね(笑)」と書いたんだ。当然、Twitterで書いた人も悪意

〔*19〕**ぱど**……ぱど(1987年設立)が発行しているフリーペーパー。全国179エリアに962万4,050部を発行しており、ギネスブック認定のフリーペーパー発行部数世界一の媒体。「ぱど」は「Personal Advertisement(=個人広告)」に由来する。

〔*20〕**DRM(Digital Rights Management)**……デジタル著作権管理。特定のコンテンツをプレイヤーやリーダーで再生する際に、再生する端末と一意に対応した鍵となるファイルを必要とさせるなど、権利を持ったユーザー以外によるコンテンツの利用を防ぐための仕組み。

があるわけじゃなかったんだけど、「ごめんなさい。不都合があったらすぐに消します」という返事が返ってきちゃったので、「いやいや、怒ってないよ。かまわないよ」と言ったんだよね。

今、出版社はそういう利用のされ方も嫌がってるんじゃないかな?

植村……いろんなところで利用されることを止めようとしている、ということ?

沢辺……そう。確かにTwitterにコピペするのは、著作権法上、引用ではなく、「利用」なんだよ。だけど、その利用の効果はあって、利用された部分を読んでポット出版のサイトに読みに来てくれたり、電子書籍だったら買ってくれる、という可能性もあるよね。

もちろん、完全なテキストを無料で配って歩くとか、ましてや有料で売ったりするのは違法だし取り締まるべきだけど、数万字の中の140字を数回つぶやいただけだよ。でも今の出版社は、そのつぶやきすら嫌がっていると思うよ。

だけど僕は、インターネットというのは、「利用」されることこそが人気のバロメーターになると思う。DRMをかけて完全に閉じた空間に置いてしまっては、検索にも引っかからないんだから。

植村……そもそも本なんて、立ち読みできなければ売れないものだよ。立ち読みには物理的な制約があるということもあるけど、著作権法が成立する前からあった行為だから法規制がないだけかもしれない。その立ち読みはありなのに、一時期若い子たちがケータイで情報誌の欲しいところだけを撮影しちゃうことを「デジタル万引き」なんて言ってキャンペーンをやってたのは、その行為が販売に繋がらないからだよね。僕は、フリーミアム(基本的なサービスを無料で提供し、高度なサービスは有料で提供するビジネスモデル)って極めて特殊な条件下で成立する例だと思う。

「ネット立ち読み」をどう否定するか、肯定するかを考えるなら「立ち読みを止めたら本は売れますか」と問い直したほうがいいと思う。東京電機大学出版の本は、Googleパートナープログラムを使って、公式のサイトから20%立ち読みできるようになっている。それで本が売れなくなるとは思ってないし、まだ「やってみないとわからない」段階だよ。ネットの立ち読みが販売に結びつくかどうか、ちゃんとわかってる人は誰もいないんだから、やってみるしかないよね。

沢辺……今いろんな集まりで進んでいる電子書籍の話は無条件でDRMが前提になっているように思うんだけど、ちょっと違うと思う。今ポット出版が「理想書店」から出している電子書籍も無条件にDRMをかけちゃったから、iPhoneで読んだときにテキストをコピーできないんだよ。でも、それって実はマイナスなんじゃないかと思うようになってきた。

インターネットの世界はコピーされたり検索に引っかかる場所に置かれたりすることで広がっていくところだから、その中に位置づけられる電子書籍はDRMを前提条件にして考えては上手くいかないんじゃないかな。

植村……今は、それを技術によって実現しましょう、という状況でしょ。Amazonで買った電子本は、Kindleでもパソコンでもi Phoneでも読める。それはAmazonの仕組みの中で利用できる、ということだけど。

沢辺……でもそれでは、外に出て行かないよ。ポット出版のサイトなら、いくらでもコピーできる。

植村……でも理屈から言うと、著作物の利用を他人に許諾する権利は、本を購入した人にはないよね。ポット出版のサイトの記事は、沢辺さんが書き手だから「誰に利用してもらってもいいよ」と言えるけど、コンテンツを買った人間が、誰にでもコピーされ得る場所に置いて「利用させる」のは、難しいんじゃないかな。

だって、自分のアクセス権しか買ってないんだから、自分のアクセス権を無制限に他人に認めさせることはできないでしょ。

沢辺……いやいや、アクセス権を買った人が公開の場に置くのはダメでしょう。僕が言いたいのは、その一部をコピペできてブログで紹介したり、Twitterに貼ったりできるようにするってこと。今、出版社が「著作権法上の権利を作りたい」と強く言えるような状況に偶然なっているじゃない。さんざん叩かれてたけど。

植村……確かに、今は言えてるし、言える雰囲気作りは進んでるよね。

沢辺……でもそこは、正直言って評判が悪いわけだ。著作物の本来的な役割は、お互いが利用しあってきたことでしょう?　著作権とは著作物を利用しあう前提の上で、一定の期間限定で、創作者に経済的な利益を提供しましょう、というものだから、「いかに利用できるか」という視点に立たないといけないと思う。

植村……僕がクリエイティブ・コモンズ〔*21〕という考え方を評価しているのは、その著作物の利用のされ方を許諾できるのは創作者だけにある、としているからだよ。いくら出版社が「嫌だ」と言ったって、著作者がクリエイティブ・コモンズに則って許諾をすれば、制限できない。今のところ、クリエイティブ・コモンズを使った解決策しかないと思うけどね。

沢辺……もう一つ、登録制も考えられないかな。今、ディフォルトですべてに権利があることになっているけど、登録しない限り権利が発生しない、という解決策もあるんじゃないかな。

植村……それは理念として語ることはいいけど、現実の可能性は0%。なぜなら、「ディフォルトであります」がベルヌ条約〔*22〕の

〔*21〕**クリエイティブ・コモンズ（Creative Commons）**……2001年にローレンス・レッシグ（Lawrence Lessig、1961年〜）らが発起したプロジェクト。著者自らが著作権をオープン化、コントロールするためのヒナ型を提供している。一定の条件下での著作物の利用を許諾することで、情報の共有化および創作活動を活性化させることを狙いにしている。

大原則だから。世界の著作権はベルヌ条約の枠組みの中で動いてるんだから、登録制はありえないよ。
ベルヌ条約の枠組みは、無方式主義だから。アメリカは1989年までベルヌ条約に入っていなくて登録式だったけど、世界的な状況から抗しきれずに、加入したんだよ［*23］。
ベルヌ条約の枠組みを変えることは不可能なくらい困難。それを前提にすれば、クリエイティブ・コモンズは筋がいいと思う。それは、作り手だけが権利を主張できるから。
ただし、ポータビリティを考えるのは別の議論だと思うよ。少なくともKindleは、Kindleの端末がなくても出先のパソコンやiPhoneで読むことができるわけだよね。それをKindle側のサービスとして全部保証した。これはありだと思う。
でもKindleの戦略として、Kindleで買ったものをSONYのReaderで読めるようにはしないだろう。もちろん、ポータビリティを主張する人が「俺がKindleで買ったコンテンツを、SONYのReaderで読みたいんだから、移し替えさせろ」と言うのもありだと思う。
だけど、それが可能なのはDRMの外側にあるフリーのコンテンツだけでしょ。たとえば青空文庫のコンテンツは移せるようになるかもしれないけど、「すべての作品でポータビリティを保証しろ」という制度上の議論はないと思ってる。
それは、ポータビリティは技術で解決すべき問題だから、技術をサービスしている側がポータビリティを保証する、ということはあると思う。

［*22］**ベルヌ条約**……正式名称「文学的及び美術的著作物の保護に関するベルヌ条約」。1886年にスイスのベルヌで結ばれた、著作権を保護するための国際的な条約。日本は1899年に加盟した。

［*23］**無方式主義／登録式**……ベルヌ条約では、著作権の発生にはいかなる手続きも不要である（無方式主義）と定めている。アメリカでは、1989年にベルヌ条約に加盟するまでは著作権の発生には登録が必要とされていた。

沢辺……たとえばAmazonじゃなくてbk1がポータビリティを保証した契約を作って、同じタイトルがKindleにもbk1にもある、という状況ができて、利用者がそれぞれ「値段が安いからAmazonがいいよね」とか「ポータビリティがあるからbk1がいいな」と選択できるようになればいいよね。

植村……「bk1ならどこでも使えます」というのは「Tポイントカードはどこでも使えます」というのと同じように、契約した範囲での話だけどね。bk1サービスに乗る電子書籍リーダーがどれだけ出てくるか。でも、技術はユーザーの要求があれば何とでも実現できるからね。

●フォーマットをオープンにする意味

植村……もう一つ、記述フォーマットと実行フォーマットの話がある。記述フォーマットは、エディタで読めるわけだ。これをバイナリ変換すれば実行フォーマットができる［*24］。記述フォーマットはデータ量が大きくて配信に向かないし、DRMもかけられない。
.book（ドットブック）を例にすると、.bookは実行フォーマット。でもその前に「TTX」という単純にテキストエディタで読める、タグ付きテキスト［*25］の状態がある。TTXを「ドットブックビルダー」というビルダー［*26］に通して.bookにする。.bookもTTXも、ビュワーのT-Timeで開けば同じように見える。
同じように、Acrobat Readerというビュワーは PDFという実行フォーマットを読む。Acrobat

［*24］**バイナリ／実行フォーマット**……人が読み書きのできる言語で記述されたテキスト形式のファイルに対して、テキスト以外のものをバイナリ形式という。バイナリ（Binary）とは2進数のこと。

［*25］**タグ付きテキスト**……テキストに大見出しや小見出し、箇条書きなどの構造を示す要素をタグで付け加えたもの。HTMLやXMLなどのマークアップ言語はタグ付きテキストといえる。

［*26］**ビルダー**……記述フォーマットを実行フォーマットに変換するソフト。通常、実行フォーマットから記述フォーマットへは戻せない。

Professionalがビルダーだよね。
実行フォーマットを販売目的で流通させるときには、DRMの仕組みを持たせて特定のサーバーから購入させるか、ストリーミングで読ませることになる。
ボイジャーは電子書籍販売サイト「理想書店」で、DRM付きの.bookを流通させている。
一方、T-Time（.book）の表現力は高くて文芸編集者の間でもファンが多い。そこで.bookの仕様がオープンになれば、電子書籍の自費出版が広まると思う。
ただ、仕様をオープンにするということは、誰でもビルダーを開発できるようになるということ。タグだけじゃなく実行フォーマットの構造も公開しないとだめだと思う。
誰でもがビュワーを作れて、誰でもビルダーが作れる状況は、さっき例に出したPDFがそうだよね。ビルダーは商品として売っているけど、ビュワーは「皆さんフリーで使ってね」と配っている。
PDFは、「アンテナハウス」や「情報処理学会」がビルダーを作っているけど、なぜそれができるかというと、PDF1.7の規格がISO32000-1として標準化されているから。
ただAdobeは独自に技術拡張しているから、Acrobatで作るとAcrobat Readerでないとちゃんと表示しないことがある。
最近のコピー機はスキャニングしてPDFで保存できるじゃない。あれは多分、Adobe以外が開発したエンジンが入っているんだと思うけど、一般にPDFのデータサイズが大きくなってしまう。そのPDFをAcrobatで読み込んで最適化すると、サイズがすごく小さくできたりする。
でも、いずれにせよPDFはオープンなことによってこれだけ広まったし、印刷を自分たちの世界に取り込んだわけだよね。

オープンにする部分と高い金を取る部分の両方作って、オープンでうんと広めることによってビジネスをしていくという戦略は昔からある。PDFはその戦略が上手く機能した例だといえる。
だから僕は、XMDF〔*27〕でもT-Timeでも規格をオープンにして誰でもファイルを作れる環境を作りアマチュアによる電子書籍流通の底辺を広げつつ、プロフェッショナルが高度なことをするときにはお金を取りますよ、という関係が作れたらいいと思う。
沢辺……それがオープン化だよね。

●出版社のルーズさを批判する人々

植村……たとえばCCCD〔*28〕は不評を買ったけど、批判の意見の中で「それは違うんじゃない」と思う部分があるんだ。著作権上の逸脱行為を誰もやらないのであれば、CCCDなんて要らない。でも、逸脱行為をしていた人間が「こんなことやるからサービスが悪いんだ。自由にコピーさせることで人気が出て売上が上がるんだから、俺たちの自由にやらせろ」というのはとんでもないよ。
「本の中の20%が読めますよ」「PDFで先着1万人が全文ダウンロードできますよ」というフリーミアムの発想は、提供者側がやるサービスなんだから。中国の違法コミックサイトに抗議すると「俺たちは貧乏だから金を払わないけど、俺がばらまくことでお前ら有名になって金を儲けているんだから、それでいいだろ」と主張しているらしいけど、絶対間違ってるよね。個人が金も払わずにすべての著作物をばら撒き続ければ、文字文化の基盤が崩れてしまう。そんな状況になったら、創作行為

〔*27〕**XMDF（Mobile Document Format）**……シャープが開発した、縦書きやルビなどの日本語組版に対応した電子書籍フォーマット。電子文庫パブリなどで採用されている。日本語組版に対応したフォーマットには、他にボイジャーのドットブック、SONYのBBeBなどがある。

〔*28〕**CCCD（Copy Control CD）**……2002～2004年頃に販売された、主にパソコンでのデジタルコピーを制限する目的でCD規格に独自の仕様を加えたメディア。

で生活することが困難になる。
沢辺……CCCDのようなものに反対するとしたら、利用者側には「買わない」という対抗手段しかない、ということを言いたいわけだよね？
植村……そうそう。「CCCDはけしからん」と言っていた人を否定するわけじゃなくて、金も払わずにYouTubeにアップロードしていたようなやつが主張できる話じゃないだろ、ということ。でも、ネット世論にはそういう意見も混じるから、そういう人の論に対しては怒ってる。
沢辺……「反対派の半分には怒ってる」ならいいんだけど、僕が危惧してるのは、「おかしな主張が含まれているから、反対派は全部ダメだよね」となることで、今の出版界はそうなっているような気がするんだよ。
植村……そこは、僕らも含めて上手く議論を腑分けできていないよね。おかしな主張をする人は、出版社にだって著者にだっていっぱいいる。他人の本の引用にはルーズなくせに、自分の本をまねしたと怒る著者とか編集者とか。「自分の本はどんどん無料で読ませてください。でも出版社は印税をください」と言うのもおかしいよね。「無料分は、印税はいりませんから」と言うのなら、まだ筋は通ってると思うけど。
沢辺……僕が腹が立つのは、締切を過ぎているのにも関わらず、うんともすんとも言ってこないようなライターが出版契約批判をしたりすることですよ。「ちゃんと契約をしてこなかった日本の出版界はおかしい」とよく言われるけれどさ。
植村……でも、契約のない出版社というのは減ってきたよね。少し前まで契約はほとんどしていなかったけど、それは「契約をするような作家は二流だ」と作家側が認識していたから。文芸作家と呼ばれる人は契約書なんて書かないし、今も書いてない人は多いと思う。契約書を持っていって怒鳴りつけられたという話も今でも聞いたことがある。「電子化のこともあるし、そろそろ契約を結ばなくちゃいけない」と思って先生のところに持って行ったら「なんで俺からなんだ。俺はそんな二流か」と怒鳴ったんだって。だから、出版社だけで解決できることではない。

でも、そもそも口頭契約は紙に書かなくたって立派な契約だから、「100%契約があった」と言い切れる。「よろしくね。いつもの通りでいいんだから」と言うのは立派な契約なんだから。

沢辺……だから出版社は、たとえ口頭でも「そういう契約はありませんでした」なんてことは言わないよ、という意思を持っているんだね。

植村……著者と出版社で、契約関係は完全に成立していたんだからね。著者も「契約書を書いていないから印税はもらえない」とは思ってないし。

沢辺……この前ネットで見たのは、「原稿を上げたのに、のらりくらりといつまで経っても本にしてくれない」というものだったけど、そんなことはいくらでもあるよね。

植村……出版社は「原稿入手後6ヶ月以内に出版する」という主旨のことが著作権法上の出版権の項目に書かれている。一方で、おおかたの出版契約には「著作物を作るための経費は著作権者が負う」と書かれているにもかかわらず、「悪いけどこの写真見つけてくれ」という場合もあるし、「先生、この写真ダメだから、僕のほうで見つけておきます」ということもある。それでお金がかかっても、著者に請求なんてしないじゃない。でもそういうルールの中でお互いやってきたんだから、それはある種の契約だよ。

沢辺……相手が契約関係を否定したら、紙の契約書が必要になるけど、口頭契約であってもお互いが「そういう契約をしたよね」と言えば、それが裁判でも前提になるわけで。

植村……出版契約上の裁判って、ほとんどないでしょ。著者との契約上のトラブルは少ないよ。

だから、出版社と付き合ってない人からそれほど批判されるような話じゃないだろう、と思う。

去年のことだけど、ある「出版シンポジウム」で、ちょっと面白いやりとりがあってさ。自称作家なんだろうけど、会場の参加者が質問に立って、「文学賞に丁寧に書き上げた原稿を投稿したのに、選考に通らなかったら返事もよこさなかった。傲慢だ。最近の出版社はダメになってる」って発言したんだ。当の文学賞の主催出版社の社長がパネリストで、困惑して謝ったわけ。「そんなでき損ないの原稿を送りつけておいて、偉そうに言える話じゃないだろ」とは言えないよね。そうしたら、別のパネリストが「書き手になろうと思うなら、そんなにナーバスじゃ生きていけないよ」と厳しく諭したんだ。山ほどの原稿をダメ出しされて、それでも書き続けられるタフなやつが書き手になるんだから。

理不尽かもしれないけど、でき損ないの原稿を応募して、ダメだったら返事がないのは当たり前、それを受け止められないでどうすんだよ、って思うけど、みんなの前で言い切ったパネリストは、さすがだね。

今のネット世論にナーバスになる必要はないし、そもそもネットに限らず「世論」ってバイアスがかかっているものだからね。ただし、ネット世論を無視してよい、ということではない。なぜなら、デジタルコンテンツを買うユーザーはネットの中にいる人達だから。

ネット世論が批判的に形成されればされるほど、デジタルコンテンツは売りにくくなる。それはかつてのCCCDがそうであったように。

CCCDだって、ネット世論が反発しなければ売れたかもしれない。正規のユーザーまで敵に回したから、反CCCDのムーブメントが作り上げられたけど、当時の技術でCCCDが当時目指したことは、サービス開始時にiTunesストアがDRMを使ったのと大差なかったと思うよ。ネットを味方につけるある種のプロパガンダが上手いか下手か、という違い。当時のSONYが下手で、Appleが上手かった。やっている技術的な制約はほとんど変わらないんだから。
だから、ユーザーがネットの中にいる以上、ネットの言説はお客さんの声なんだから、謙虚に耳を傾けたほうがいいよね。
出版社はそこに意識が低いよね。

沢辺……「文学賞に応募して返事がなかった」という話はレベルが低いと思うんだけど、出版界に片足突っ込んでるライターたちだって、「契約書をちゃんと作れ」という論に加担している人は多いよ。

植村……それはもちろん、だらしない出版社もまだまだたくさんあるよ。ライターを搾取しているような連中もいっぱいいる。だからライターやレイアウターや編プロが劣悪な環境で仕事をしている仕組みは現実にある。契約なんかとてもできないような、ね。

沢辺……でも、契約したからギャラが上がるかというと、上がらないんだから。でもそのレベルのことに、出版業界に片足突っ込んでそれなりにものを知っているライターが「それはおかしい」って言ってるんだよ。出版ネッツだって、「出版条件の明確化」「契約書をちゃんと作る」というのを運動目標にしているでしょう。

植村……下請法は、契約内容は劣悪なままでいいの?

沢辺……下請法で単価が上がるわけじゃないから、交渉する以外に方法はないでしょ。それと「ライターは打ち合わせで約束した締切通り原稿を書いてくるか」というと、締切が守られないこともいっぱいある。契約は双方向問題だから、ライターの側だって責任取らなきゃいけなくなってきつくなると思う。
契約って本来、「何月何日納品」というものだよ。
植村……なるほどね。期日を守らないライターは次から使ってもらえないけど、今回の仕事に対してペナルティはないわけか。そういえば昔、電大でも情報系の本を出しているから、プログラマーやSEに執筆依頼したことがあったんだけど、彼らの原稿の締切を守ることに対するナーバスさは凄かったな。「すみません! とにかくあと3日待ってください」という感じ。3年待つような原稿もあるのにさ(笑)。
プログラマーの世界では、納品といえば絶対厳守で、しかもバグ取りして全部動くまでランスルーして確認して、というやり方で鍛えられている人だから、原稿も同じ世界だと思っていたらしい。「3月末まで」と約束して書けなかったプログラマーが本当に必死になって謝ってきた。僕から見たら著者だから「いいですよ、先生。そんなこと言われたの、僕生まれて初めてです」なんて話をしたけど。
プログラマーの世界は厳しいけど、それと比較してライターの世界はルーズかな?
沢辺……プログラマーの世界では、納期から遅れたら損害賠償請求ってされるのかな?
植村……昔聞いた話だけど、プログラミングの契約って納期から何日遅れたらいくら下がる、というところまで書いてサインしていたからね。
沢辺……だから、あるところを超えたらタダ働きになるんだよね。出版も、そういうことになるわけですよ。
でも、この話がどこから来たかというと、ネット世論で「契約書もない」という不満が通用している、というところからだから。

植村……その不満がある人ほど、暇こいてネットで出版社批判を書いてるわけだね。

沢辺……実情を知っているライターですらネット上の「しっかりした契約を」的な主張への共感がある。

そこに二つ見方があって、一つはさっき話に出たように、「ネットの世論は味方につけなければいけない。どうせならばAppleになろうよ」ということ。これはそのとおりだと思う。

もう一つは繰り返しになるけれど、出版社がちゃんと言ってこなかった、というのがあるよね。気持ちはわかるんだけどさ。

植村……やっぱり不況だからさ。景気がいいときはライター稼業なんて困りはしなかったんだから。でもおいしい時代に戻るのは無理なんだとしたら、お互いにシビアな契約書を結びましょう、でいいと思うんだけどね。印税は何割で締切はいつで、締め切りを過ぎても原稿が上がらなければペナルティはいくら、というかたちで。

でも、本当にそれでいいのかな? ネットで契約のことを言う人たちは、そういうことまで含んで言ってるのかな。

沢辺……いや、そこまでは思ってないでしょ。2月1日にやったイベント(※本書10ページ~「2010年代の『出版』を考える」)のときも「印税10%に根拠はない」と言う人がいたけど、でもそれは当たり前のことだよ。

植村……うん。それは僕の原稿料がペラ(200字詰め原稿用紙)1枚1,000円だと言われても、それに根拠がないのと同じことだよ。「お前は2,000円あげられるライターじゃないんだもん」という話だからさ。

沢辺……その根拠は、植村さんの過去の実績から示せないことはないのかもしれないけど、意味はないよね。

植村……意味ないよ。「じゃあ、君じゃなくていいよ」と言われるだけだもの。印刷所にページを組んでもらうときに見積もりを出すけど、ページ組代でしか見積もらないじゃない。それに根拠はあるかと言われれば、ないよね。印刷所の機械が年間何回まわって、と計算するなんてあり得ないよね。

沢辺……うちでデザインの仕事を請け負うときも、話せば大体方向性が合意できてすごく仕事のしやすい人もいれば、何も考えないで全部アイデアで持ってきて、「3つも4つも並べて選ばせて」という編集者もいる。

そんなときは請求額変えたいよね。たとえば印刷屋でいえば何字赤字を直したとか計算できないこともないけど、ページいくらでやってるからね。

もちろん、印刷屋もそこはある程度計算していて、電機大学出版局に出す値段とポット出版に出す値段を変えたりしてるし、面倒な会社には紙代やいろんな部分に上乗せしたりしてるよね。その塩梅に根拠が示せるかと言われても、担当者の感覚くらいだよ。

もちろん根拠を求めて考えることは大切なんだけど、要はどう合意を作るかが問題だよ。

Google Book Serchにしても、僕はやっぱり「オプトアウト」でいいと思うんだよね。先にやっちゃって、嫌だったら外しますよ、で。

植村……Googleのときの説明会でも「こういうふうにしますので、問題ある先生は言ってきてください、じゃダメですか」と質問があったよ。「うちは著者だけでも2,000人いるので、いちいち許可なんて取ってられない」って。でも、それこそオプトアウトだよね。「全著者に通達がちゃんとされてないから、ダメでしょうね」と言われていたけど。通達がされてないと、裁判になったときに弱い。

沢辺……でも、裁判するやつなんていないんじゃない?

植村……うん。でも刺すようなやつがいたときに怖いよね。だから、刺すような付き合いをしてきちゃダメってことだよ。
昔に怨念を持たれたライターがいるとか、印税を払ってない著者がいるところはできないね。

●絶版は独占権を打ち切ること

沢辺……ある出版社の人は「著者に絶版通知を送ったらクレームが来た」って言ってた。その出版社は最近、絶版通知をしたんだって。そうしたら「なんで俺のものを絶版にするんだ」と著者から抗議を受けて、担当の編集者からも「勘弁してくれ。絶版通知なんて出さないで済まそうよ」と言われたって。でもこれは、話が逆だよね。絶版にするということは、著者の人に「あなたの著作物をどこに持って行ってもかまいませんよ」と言うことなんだから。
植村……でも、いまだにそういう認識だっていうことだよね。著者のためにやってるのに、そう思われない。「俺は天下の大出版社から本を出しているんだ」ということにしがみついている著者もまだいるんじゃない?
沢辺……しがみついてるから、腹が立つんだろうね。でも、本質的に考えれば、品切重版未定で塩漬けにされるよりはいいんだから。
植村……そんな話はいくらでもあるよね。出版社が著作権が切れるのを死後50年から70年に延長しようという話にウンと言えないのは、著作権が切れるからビジネスできてる部分があるからだけど、著作権についてわかっていない編集者なんてゴロゴロいる。
あと、出版界には単行本を出したところと別のところが文庫化をするときは、最初に出した出版社が何%からもらえるという商慣習があるじゃない。あれは慣習としてそうなっているけど、どこにその権利があるだろう、と考えてみるとよくわからない。

沢辺……いや、文庫化の場合は権利はあるでしょ。出版契約が生きていた場合は、独占使用権を打ち切ることになるんだから。

植村……でも、単行本が絶版になったあとも、ちゃんと払い続けるんだよ。そもそも単行本があるときには、文庫化を認めないんだろ?

沢辺……ポット出版の本を別の出版社が文庫にしたときに、その出版社がどういう論理立てで交渉してきたかというと、独占契約の解除と在庫補償だったよ。極端に言うと、「在庫は何冊残ってますか」と聞いて、言われた部数を買い切ったほうが文庫化料の2%より安くなるんだったら「残りは全部買い占めます」と言うんだそうだ。そうしたら、元の版元にはリスクはないわけだから。

そもそも、著作物のことを考えたら、もう一度文庫なりに姿を変えて市場に出るのはいいことだよ。

植村……なるほど、文庫のほうが初版部数は多いしね。

沢辺……うん。ポット出版に権利を置いたままで今後爆発的に売れる可能性がほとんどないことは発行後数年経って明らかになってるのに、権利だけをかさに取って「嫌だ」と言うのはいやだ。

それよりは、著作物がもう一度世に出直すほうがいいと思う。

2%は大したことないといえば大したことない額ですよ。むしろ、世に出るチャンスを潰さないほうが大切だな、と思う。そのときに10万円くらいもらうのは、別に悪いことじゃないんじゃないかな。

植村……売る力がない出版社が抱えているくらいだったら、著者のことを考えても文庫出版を認めるべきだよね。

沢辺……むしろ、岩波なんかのほうが抱え込んでるよね。

植村……抱え込んでる。絶対出さないよ。

沢辺……僕、岩波に電話したとき「うちはそういうことはやってません」って言われたことあるよ。

植村……そう。だからやっぱり、ライターに対して「お前にこの文章の権利はないんだ。出版社にあるんだ」と言っちゃうような編集がいるのも事実なんだよね。勉強不足なのに主張しちゃって馬脚を現してる連中もいるから、出版社批判も無下には否定できないんだけどさ。

だからやっぱり、「つぶれていく出版社はつぶれてください」と言いたいわけ。

その上で、出版社が本来果たしてきた役割の中の残していきたい部分を、どう残していくか。そこでは、デジタルやネットによってこそ生かせるものがあると思ってる。そういうものはやり続けないと見えないから、まず、やってみようよ。

もちろん出版そのものが好きだし、著者に出会って「こういうものがいいですね」と思いついて出せるのは楽しいんだよね。

（初出●ポット出版ウェブサイト「談話室沢辺」・2010年5月10日、11日公開）

出版業界の現状をどう見るか

**現在の出版業界の急激な「変化」は、なぜ起きているのか？
出版、そしてメディア産業全体の動向を20年間追い続けている
「文化通信」編集長が、デジタル化へ向けての急激なシフト、
業界勢力の再編、流通システムの見直しという
3つのキーワードから、変化の要因と現状を解説する。**

（この原稿は、2010年3月17日に開催された「図書館政策セミナー」での星野氏の講演を収録したものです）

星野渉（ほしの・わたる）
1964年生まれ。株式会社文化通信社取締役編集長、日本出版学会理事・事務局長、東洋大学非常勤講師。共著に『オンライン書店の可能性を探る―書籍流通はどう変わるか』（日本エディタースクール、2001年）、『白書出版産業』（文化通信社、2004年）、『出版メディア入門』（日本評論社、2006年）、『図書館の最前線4　読書と図書館』（青弓社、2008年）、『出版産業再生へのシナリオ―本の学校・出版産業シンポジウム2008記録集』（唯学書房、2009年）がある。

●はじめに

私は、主に出版・新聞等のメディア関係の業界新聞を作っている文化通信〔*1〕という新聞社で記者をしています。
今回「出版をめぐる変化と図書館の課題」というお題をいただきました。出版の変化についてはそれなりに見てきたつもりですが、図書館の課題をご指摘させていただくほど図書館について詳しいわけではありませんので、主に出版業界の現状をお話させていただきます。
今日（2010年3月17日）は資料として「文化通信」2010年1月1日付の新年号を配布しました。一面と最終面を使って業界の動向をまとめるお祭り的な紙面ですが、2009年の新年号で同じ企画をしたときは、一面と最終面が「新聞業界」と「出版業界」に分かれていました。ところが昨年1年、新聞と出版をまたいでさまざまな動きが出てきたため、ノドを切って一面と最終面をひと続きにしないと表現できなくなってしまいました。
文化通信の内部を見ても、新聞業界は新聞業界、出版業界は出版業界、広告業界は広告業界と、それぞれに専門的な記者がいて、他の業界の人間が見ても意味のわからない言葉が並んだ記事を書いていました。しかし業界マップを見ていただいてわかるように、出版社と新聞社が組んだり、これまでライバルだと思っていた新聞社同士が一緒にやってみたり、我々の新聞も縦割りではいられない、変えざるを得ない、という状況になっています。戦後65年やってきましたが、これだけ大きな変化は初めてで、まさに戦後最大の変化が出版業界に訪れているのを実感しています。
私がこの業界に入った1989年の出版業界は、消費税導入にあたって「本の定価表示を内税にするか外税にするか」と大騒ぎをしていました。その後1991年に公正

〔*1〕**文化通信**……1946年創刊。出版・新聞・放送・広告といったマスコミ業界の週刊専門紙。

取引委員会の「政府規制等と競争政策に関する研究会」が報告書を公表し、そこからほぼ10年にわたって、今度は再販制度の見直しで大騒ぎをしました。
また、1980年代の終わりには岩波書店などがCD-ROMで辞典を出し、電子出版が興りはじめました。今「セルシス」と一緒にやっている携帯電話のコミック配信で好調なボイジャー社が、「拡張する本」という意味の、電子本を誰でも作れるキット「エキスパンドブックツールキット」を出しました。当時4万円くらいしたキットを買った電子出版やMac好きの若者達は自作の電子本をフロッピーディスクに入れ、MacWorld Expo〔*2〕で100円や200円で売ったりしていました。そうしたインディーズの電子出版が始まったと思っていたら、インターネットが出てきてまた大きな変化が起こりました。今の電子書籍の話は、この頃から続いているものです。
この20年は一言で言うと面白い20年で、私が入った頃にはとにかく「変わらない」と言われていた出版業界という村が、見る見る変わっていった20年でした。
今日の一番大きなキーワードは「変化」です。出版業界の変化は、この1、2年で我々の予想を超えるスピードになっています。特に電子出版の世界がそうですが、2年前には「もうちょっと時間がある」と思っていたことが、急激に進んでいます。このことは、出版関係、メディア関係に関わる方に共通する実感ではないかと思います。

●「雑誌」が売れない

では、急激な変化はなぜ訪れたのでしょうか。まず、出版科学研究所が毎年発行している『出版指標年報』という本で出版物の

〔*2〕**MacWorld Expo（マックワールド・エキスポ）**……IDGワールド・エキスポ主催で1985年から開催されている展示・発表会。第一回はサンフランシスコで開催された。Macworldは1984年からアメリカで発行されているMacintoshを中心としたApple製品の専門雑誌。

販売冊数・販売金額・返品率といったデータを見てみましょう。これは日本の出版業界では一番定番のデータで、取次・書店ルートの統計です。新聞紙上で、出版業界の数字が出てくるときは、だいたいこの出版科学研究所のデータを使っています。この数字を見ると、雑誌と書籍はまったく違う動きをしています。「活字離れ・読書離れ」と言われ、出版業界全体の売上が下がっているように思う方もいらっしゃると思いますが、ミクロに見ていくと違っています。

「出版業界の売上のピークは1996年で、それ以降はずっとマイナスだ」と言われていて、実際、出版全体の売上の推移はそうなのですが、より消費者の需要を示す販売部数でみると、違います。雑誌の販売部数のピークは1995年で、当時は「週刊少年ジャンプ」が680万部というとんでもない部数を出していた、まさに全盛時代でした。一般的にはバブルが崩壊して景気が良くない時代でしたが、当時の出版業界の創刊記念パーティはホテルの会場を貸し切って豪華な景品のビンゴゲームをしたり、ある会では全員にタグ・ホイヤーの時計をお土産として渡していたり、とにかく雑誌が儲かっていた時代でした。

しかし、1995年までは景気の良かったコミック雑誌の販売部数は、1996年以降どんどん下がっていきました。販売金額は高いものが売れれば上がり、安いものが売れれば下がりますから、実際に雑誌が買われているかは販売部数に表れます。その販売部数を見ると、雑誌の売上は1995年から2009年にかけて約4割減っています。つまり雑誌の需要がほぼ半分になったということで、これは大変なことです。

これは景気が悪くて買い控えているというレベルのマイナスではなく、デジタルの情報流通が発達したことによって、雑誌に対するニーズが減ったとしか思えません。週刊誌はもう10年以上前年同月比マイナスを続けています。
雑誌の部数は、出版科学研究所以外に、ABC協会〔*3〕が調べて発表しています。ABC協会が部数を発表している約150誌の中で、部数が減りだすのが早かったのは週刊誌と情報誌で、刊行サイクルが短いということ、ストレート情報であること、この二つが部数減の条件でした。
ABC協会が部数を調べている雑誌の中で一番部数が多い雑誌が「週刊ザ・テレビジョン」から「月刊ザ・テレビジョン」に変わったことは、刊行サイクルの影響を象徴しています。
角川書店の「Warlker」のような情報誌も、どんどん部数を落としていきました。ただ、会長の角川歴彦さんは、おそらく「Warlker」を創刊したときから、ネットへの移行を想定していて、雑誌を作りながら取り込んだ地域情報を、将来はデジタル化してネットで提供していこうと考えていたと思います。角川さんは、雑誌の部数が減っていることについては当然だと思っているはずです。
新聞に関しては、海外の新聞業界にくらべ、日本の新聞業界はほとんど影響を受けていません。アメリカ、ヨーロッパ、韓国では新聞の部数が激減していて、韓国ではかつて70%と言われていた世帯普及率が、今や4割以下ですし、アメリカでは「ニューヨーク・タイムズ」が身売り直前だというニュースが流れています。
それに比べると、日本の新聞はほとんど部数を減らしていません。最近、「産経新聞」が大きく減ったのは残余の部数を減らしただけで、購読部数が極端に落ちて

〔*3〕**ABC協会**……1914年にアメリカで誕生した、第三者機関として広告を扱う新聞・雑誌など紙媒体のメディアの発行部数を点検し、より正確な部数を公査、認証し、データを発表する機構。広告主が誇大な公称部数をもとに、見込んだ広告効果が得られずに不利益を被ることを防止する目的がある。ABCはAudit（公査）Bureau（機構）of Circulations（部数）の略称。日本では1952年に前身のABC懇談会が発足、1958年に社団法人化。

いるわけではありません。これは他の新聞も同じです。
新聞の部数がそれほど減っていないのは、宅配制度という、放っておけば毎日家に届く、断るために努力をしなければならない制度があるからです。もし宅配制度を止めれば、どの程度かはわかりませんが、新聞の部数は大きく減るでしょう。
宅配制度がなくどんどん部数を減らしているアメリカと違い、日本では、ある程度まで漸減していき、あるところで一気に落ちる可能性があると考えています。
実はメディア業界で一番先行きが不安なのは新聞です。新聞社は製造から流通まですべてを持つ垂直統合型企業で、まさに装置産業です。しかも日本中どこを探しても、情報企業の間に新聞社に対抗できる企業はなく、完全独占の恐竜のような会社で、地球の気温が1℃下がることへの対応が難しいのです。
それに対して出版社は、印刷も流通も持たず、昔から言われているように、「電話一本、机一つ」、今なら「パソコン一つあればいい」業態ですから、気温が下がれば草の陰に隠れたり、木の穴に入ってやりすごしますし、自分も変化していけます。それに、古い出版社がつぶれても、新しい出版社はすぐ出てきます。出版は、人間が「表現をしたい」という欲求さえ持っていれば続くものだと思います。

●雑誌コンテンツのデジタル化への取り組み

話を業界に戻すと、構造的な理由で10年以上続いている雑誌の不振は、雑誌を出している出版社の方々も、不可逆的なものだと理解しています。そこに、2008年のリーマン・ショックの影響で広告が激減しました。2009年の決算を見ると、雑誌社の広告収入は2割から3割落ち、軒並み赤字に転落しています。構造的にニーズが落ちたところに広告の不振が追い打ちをかけ、いよいよ出版業界人の目の色が変わったのです。

ちょうどリーマン・ショックの前後の2008年11月、FIPP〔*4〕と日本雑誌協会（雑協）〔*5〕共催の「アジア太平洋デジタル雑誌国際会議」という会議が東京で開かれました。ドイツで2回開かれたもので、東京が3回目でした。

FIPPから「アジアで開いてほしい」と依頼された雑協は、最初2,000万円と言われる金と労力を理由に開催を嫌がっていました。ところが、2008年の春にドイツで開かれた国際会議に日本から参加した十数人の報告を受けて、態度を変えました。

ヨーロッパでは、デジタルにするかしないかの議論をしている出版社などなく、デジタル化を大前提として、そこでどうやってビジネスをするかという議論に終始していたのです。

そこでは、フォルクスワーゲンの役員による、「ネットの時代に雑誌は必要ない。我々自身がメディアだ」という挑発的な講演が行なわれました。

海外の現状を見たことで、「これは日本の出版社の経営者も頭を切り替えてもらわないとマズい」と日本で開催された会議には、10万円の登録料に関わらず1,000人もの人が参加しました。もちろん、全員が10万円を払ったわけではないですが。

面白かったのは、日本を代表する大出版社の社長が会場に朝から夕方まで居て、シンポジウムを聴いていたんです。昔はそんなことはなく、だいたい朝やって来て「よぅよぅ」と言って、また夜のパ

〔*4〕**FIPP**（**Fédération Internationale de la PressePériodique**）……国際雑誌連合。1925年にフランスで設立した世界各国の雑誌協会、出版社などが加盟する民間の国際組織。40の国と地域が加盟（2007年時点）しており、言論·報道の自由の擁護、雑誌の発展などを活動目的とする。日本雑誌協会は1966年に加盟。

〔*5〕**日本雑誌協会**……1956年に結成された、雑誌出版社による業界団体。94社の会員出版社で構成される（2009年時点）。略称「雑協」。

ーティに帰ってきて「よぅよぅ」といった感じでしたから、いかに出版社の危機感が大きかったかを、如実にあらわした会議だったと思います。

その後、2010年1月28日から2月28日まで雑誌協会が中心になったコンソーシアムが、総務省の補助金でデジタル雑誌の配信実験［*6］をやりました。デジタル配信について、2009年8月に行なった第1回の総会に合わせた説明会で、書店の方が「電子配信をしたら書店はどうなるんだ」と質問をしたところ、雑協からは、はっきりした答えはありませんでした。要するに、もう書店・取次のことなんて考えていられない、というのが出版社の感覚です。景気の良い頃ならば、書店に端末を置いて配信実験などしていたと思いますが、今はそんなことを考えている余裕はない、ということです。

一方の書籍の販売部数のピークは1988年で、今から20年以上前です。それ以降、景気が悪くなると少し落ち、『ハリー・ポッター』が出ると上がり、次の年また下がり、ということを繰り返し、さすがに2009年は6%ほど落ちましたが、2000年代はほぼ横ばいです。ですから、辞書や地図など一部のレファランス系のものを除いた書籍は、まだほとんどデジタルの影響を受けていません。書籍のマーケットは、日本の人口から考えて飽和したと思われますから、これ以上日本語が読める人が増えない限り、売上が増えることもありません。今後も、景気の変動と共に上がったり下がったりしながら横ばい、ないし人口減とともに漸減していくでしょう。

このように、雑誌は構造的にもデジタルの影響を受けて大変な状況になっているが、書籍は比較的安定的に横ばい状態を続けて

［*6］**デジタル雑誌の配信実験**……日本雑誌協会を母体にした「雑誌コンテンツデジタル推進コンソーシアム」が2010年に実施した、デジタル雑誌記事の配信実験。公募モニターに疑似通貨「パララ」が5,000パララずつ配られ、58社91誌のPDF化された雑誌記事が1ページ10パララで閲覧・ダウンロードできた。2011年の実用化を目指している。（https://secure.parara.info/）

いる、というのが、2008年暮れくらいまでの出版業界でした。

●Googleブック検索の影響

ところが、2009年の春以降、状況は激変しました。その原因の一つは、Googleブック検索（Google Book Search）です。日本の新聞、雑誌に、いきなり「あなたたち権利者および出版社は、和解に応じないのであれば言ってきなさい」というわけのわからない広告が出ました。ブック検索に関してアメリカで行なわれていた訴訟の和解が世界中の著作者および出版社に及ぶため、世界中の著作者や出版社にGoogleおよび原告側の出版社、作家団体から、「和解に参加しますか、しませんか」という問い合わせが来たのです。その理屈はわかるのですが、あまりにもいきなりでした。

日本のほとんどの出版社は、それまで訴訟の存在すら知らない人が多く、知っていたとしても、まさに「対岸の火事」という受け止め方だったものが、いきなり自分も関係者になったので、「何を言われているのかわからない」が半分、わかっている人も「それが本当に日本にも及ぶのか」と混乱しました。

2009年、国立国会図書館がフランスの国立図書館の元館長（ジャン-ノエル・ジャンヌネー／Jean-Noel Jeanneney、1942年〜）を呼んだシンポジウムがありました。フランスの元館長は、『Googleとの戦い』（岩波書店、2007年）という本を出しています。「Google Book Searchが始まった。アングロサクソンの国アメリカに、ヨーロッパ全体の本が電子化されて、勝手に公開されてしまう。これはとんでもない。だからフランス及びEUは自分たちで電子化をしなくてはいけない」という内容の本です。日本では2007年に出た本ですが、フランスでは2005年に出ています。つまり、ヨーロッパ人は2004年にGoogle Book Searchがスタートしてすぐに反応を始め、EuropianaというEU全体の電子図書館構想を動かしはじめていたのです。日本の大騒ぎは、5年も遅れたものでした。
この訴訟はその後「英語圏に限る」という修正案が出たり、それがまたひっくり返されたりして、まだ決着はついていません。
Googleブック検索は、日本の出版業界人の目を開かせました。それまで日本の出版社は書籍の電子化について全くと言っていいほど考えてきませんでした。一部、著作権の切れたものを青空文庫などが公開したり、出版社内部の製作工程では電子化が進んでいましたが、新刊が出た段階で校了データを持ち、必要なときにすぐ使えるようにしているところはほとんどないのが現状です。
図書館向けにも、紀伊國屋書店が代理店になっている「ネットライブラリー」[*7]という電子書籍販売がありますが、2009年の6月時点で参加していたのは24社くらいの、あまり大きくない出版社だけでした。
一方で、Googleはパートナープログラムという、出版社の了解を得て電子化した本も公開しています。これは日本でも開始してから2、3年経っていますが、参加しているのは十数社というレベルで、言ってしまえば、ほとんど参加していません。
アメリカではネットライブラリーが入っている図書館も相当ありますし、パートナープログラムも相当数の出版社が協力していますから、それと比べると日本は少なく、書籍の電子化についてはほとんど興味を持っていませんでした。そこに突然、実は外国で既に電子化されていて、ネットで公開される可能性があると言われてしまったのです。

[*7] **NetLibrary（ネットライブラリー）**……アメリカのNetLibrary（OCLC／Online Computer Library Centerにより2002年、買収された）が提供する電子書籍レンタルサービス。日本では紀伊國屋書店が代理店で、図書館は契約した書籍や、フリーで使用できる書籍を利用者に貸し出すことができる。

●国立国会図書館の蔵書デジタル化への取り組み

Googleが電子化を進めている一方で、日本の国会図書館も長尾真館長のかねてからの構想〔*8〕で書籍の電子化を行なっています。長尾氏が2007年に館長に就任したのは、国が国会図書館の蔵書を電子化しようと考えたからだと思いますが、出版業界の人は、当時あまり意識はしていませんでした。

しかし著作権法と国会図書館法が改正され、国会図書館が資料を電子化できるようになった〔*9〕時期に、ちょうどGoogleの問題が重なったことで、話が大きくなってきました。

2009年の3月に出版社や著作者と国会図書館がデジタル化について話しあい手順を決めたときには「発行から5年以上経過した雑誌に限る」「国会三館からしか閲覧させない」「同時に見れるのは1台のコンピューターに限る」など相当な規制があり、自由に電子化できるような雰囲気ではなく、電子化するファイルもOCRをかけない画像のままでした。

これは利用者からすればとんでもない話ですが、出版社や著作者が本が売れなくなることを恐れてセーブしたのです。

このように、Google問題以前も、国立国会図書館と出版社の狭い範囲の人、書協の知財関係の方々が協議をして、それなりの成果を出してきましたが、Google問題によって一気に表に出て、業界全体の注目を集めることになりました。

その結果、2009年11月、国会図書館と日本書籍出版協会と文芸家協会と、弁護士の先生方で「日本書籍検索制度」という、わざ

〔*8〕**長尾館長の構想**……国立国会図書館館長であり情報工学の専門家である長尾真が考える、国会図書館蔵書の有料ネット配信構想。第三者機関が交通費程度の利用料を徴収し、著作権者への分配を行なう。

〔*9〕**国会図書館が資料を電子化できるようになった**……2009年6月の著作権法改正で著作者の権利が制限され、納本された書籍を国会図書館が電子化し、館内で閲覧させる際に著作権者の許可が必要なくなった。

と日本語にしたような名前の協議会が立ち上がり、検討を始めました。

そして、そこで発表された内容は、「国立国会図書館が電子化を始める。そこで電子化されたものを一般の方々が家で利用する場合、電車賃程度の補償金ないしは課金をし、出版社ないし著作者に還元する」という構想でした。

半年前に「雑誌だけ」「館内だけ」と言っていたものが、「第三者機関を作って料金の徴収をし、配分します。2010年3月までには方向を出します」という話になったのですから、流れを見ていた人からすると、あれよあれよ、という印象です。

総務省、経産省、文科省の副大臣および政務官が中心になって立ち上げたデジタルネットワーク社会における出版物の利活用の推進に関する懇談会（三省合同デジ懇談）〔*10〕は、この流れを少し巻き戻して、権利者と利用者と出版社の利害調整をしよう、という立場のものです。

しかしとにかく、Googleインパクトが日本の中の電子書籍の議論を一気に進めました。

また、長尾館長もすこし煽ったのだと思いますが、「Googleなんていうわけのわからない外国の民間企業に日本の本を電子化されて勝手に公開されるなんてけしからん。これは日本人の手でやらなくちゃいかん」という論調が出版業界で出てきています。長尾先生自身、「Googleのことがあってから話が進めやすくなった」と仰っています。

●Kindleの登場

日本の出版業界が書籍の電子化

〔*10〕**懇談会（三省合同デジタルコンテンツ懇談会）**……正式名称「デジタル・ネットワーク社会における出版物の利活用の推進に関する懇談会」。2010年3月に総務省、文部科学省、経済産業省の三省が開催、26人が構成員として参加し、出版物の収集・保存・利活用のあり方、国民の誰もが出版物にアクセスできる環境の整備などを検討する。

に目を向けたもう一つの大きな原因は、AmazonのKindleです。それまでアメリカ国内に限定されていたものが、2009年に世界発売され、日本でも購入できるようになりました。
Kindleの何が衝撃かというと、これまで日本でもSONYや松下の電子ブックリーダーが散々なていで撤退してきた中、世界で初めて消費者に受け入れられた電子ブックリーダーになったことです。最近会った有名な編集者も、「最近はKindleでばっかり本を読んでいます」と言っていました。アメリカから来た情報を伺っていると、Kindleの購入者の半分が40歳以上、4割が60歳以上だそうで、若い人が面白がって買っているのではなくて、今まで本を読んできた人がKindleで本を読んでいることがわかります。
私は、アメリカで受け入れられたものが日本で受け入れられないことはないと思います。受け入れられ方は違うとは思いますが、同じ人間ですので、日本でも電子的な読書は受け入れられるでしょう。
電子書籍のマーケットが今の書籍のマーケットをどのくらい食うのかわかりませんが、仮に半分食われるとしたら、今の出版産業のモデルは崩れます。出版社だけでなく取次や書店も巻き込まれますし、出版社は出版社で、「自分たちは生き残れるのだろうか」と考えるのは当然のことです。そこで「出版社は権利を持っていない」「出版社は電子的なコンテンツを持てているか」「そもそも出版社が持っているコンテンツは電子的に売れるのか」と右往左往が始まりました。
Kindleがアメリカで受け入れられたのは、徹底した消費者志向をするからです。これはAmazon自身が言っていることですし、私もAmazonが上陸した2000年から付き合ってきて、本当にそう思います。とにかく出版業界から少し文句を言われたって、お客さんが喜ぶことは絶対にやります。たとえば本の販売にポイントを付けるのは、かつては再販契約にひっかかるのでやってはいけないと言われていましたが、公正取引委員会の指導などで、「1%や2%ならいい」という判断が出てきました。そうすると、Amazonは「ポイントをつけてもいいよ」という判断が出た次の日からポイントを付けだしたりするのです。

もう一つAmazonがすごいのはサービスをローカライズする柔軟さです。アメリカの企業は何でもアメリカ主義でやるように思われがちですが、Amazonは違い、代引きやコンビニ決済など日本でしかやっていないサービスがいくつもあります。Amazonが本をスキャンして立ち読みをさせる「なか見！検索」〔*11〕も、日本でやりだしたときはかなりの出版社が反対しました。そうすると、1年弱してから「最初の数ページだけ公開するバージョンを作りましたので、ぜひ出版社さんも協力してください」と言ってきたのです。その結果、「なか見！検索」を使っている会社はいっきに増えて1,000社以上になり、文藝春秋など大手も参加しています。

日本の場合、本の権利は著作権者がすべて持っていますから、「なか見！検索」に本を提供して全文スキャンする場合は、いちいち著作者に許諾をとらないといけません。いちいち許諾を取っていては出版社も大変ですが、数ページだけなら著者から許諾をとらなくていい、プロモーションの一種だと考えることができるのです。許諾が必要なければ、宣伝になりますから、出版社は協力します。このように、Amazonはサービスをローカライズしていくのです。

Amazonがいかに消費者向きに考えているかは、アメリカでKindleを発売したときに、「ニューヨーク・タイムズ」のベストセラーリストに掲載された本をはじ

〔*11〕**なか見！検索**……Amazonで提供されている、書籍の中身を閲覧・検索できるサービス。日本では2005年11月よりサービス開始。全ページを登録する方法と、サンプルページのみを登録する方法の2種類があり、どの書籍をどの方法で提供するかは出版社が決められる。献本1冊分と送料の負担で参加が可能。

めとして売れ筋・新刊の9万タイトルに加えて、「ニューヨーク・タイムズ」や「ワシントン・ポスト」など主要新聞を揃えたことにも現れています。消費者が欲しいものを揃えてから、電子書籍の販売を始めているのです。

もう一つは通信料で、Amazonは通信料をユーザーに一切請求しません。もしハードメーカーや通信メーカーが似たようなサービスをやれば、通信料を取りたいですから、通信に時間がかかるものをどんどん使ってもらってお金を取るところです。しかしAmazonは「我々は本屋であり、ハードを売りたいわけでもないし、通信コストで儲けたいわけではない。ですから皆さんが買いたい本を揃えて、買いやすいようにするのです」と言っています。

Amazonの姿勢は小売業としては当たり前なのですが、今まで失敗した電子書籍の歴史を見ていると、電子書籍のメリットとして強調されてきたのは「在庫を持たなくていい」「流通コストがかからない」など、産業側のメリットばかりでした。もちろん、「在庫を持たなくていいんですよ」と言われて買おうと思う人がいる、なんてバカな話ありません。

その点Amazonは、お客が「欲しい」と思わないものはやりません。私ども新聞記者が「日本ではいつKindleを始めますか」と聞くと、Amazonは必ず「本がないのに本屋を開いても仕方がないでしょう」と言います。

2010年の初めから、Amazonは日本の出版社に対して、「新刊が出たと同時に電子ブックを出せる体制を整えてください」「校了データを提供できるように整えてください」「それをいつでも提供できるように権利処理をしてください」という三つの働きかけを始めました。この三つの条件を、ある程度売れ筋を出せる出版社がクリアしないかぎり、日本での電子書籍販売はスタートしないと思います。

●電子化のための条件

この三つの条件は、日本の出版社はこれまでほとんど準備をしてきませんでしたが、アメリカの出版社はKindleよりも前に準備をしていました。2009年の秋に、韓国のパジュ（坡州）という出版都市で「デジタル出版」をテーマにした国際シンポジウムが開かれました。そのとき、サイモン＆シュースター（Simon & Schuster）というアメリカ大手の出版社のCEOの女性の報告を聞いてなるほどと思ったことがあります。サイモン＆シュースターは2000年に『ライディング・ザ・ブレット』（“Riding the Bullet”）というスティーヴン・キングの本をオンライン配信だけで出版して50万回以上ダウンロードされ、日本でもニュースになった出版社です。実は50万のほとんどが無料ダウンロードだと言われたりもしたのですが、サイモン＆シュースターは、その頃から電子化の準備を始め、この10年間に、書籍の電子化及び権利処理を進め、今6,000タイトルの電子本を揃えているそうです。2010年には売上を2009年の5倍にします、とも言っていました。ランダムハウスやハーパーコリンズなども、ITバブルが崩壊したと言われた10年間、権利処理などをして、ずっと電子化の準備をしてきたのです。だからこそ、AmazonがKindleを始めるときに、商品を出すことができたのです。

しかし日本の出版社は、権利処理はできていません。電子化への「優先権」を得る契約をしていても、許諾までは得ていない出版社がほとんどです。電子的なデータに関しても、印刷会社にポンと渡して、印刷物ができてくればあとは知らない、という状態ですから、Kindleでの販売には相当苦労すると思われます。

●データフォーマットの統一

今回スタートした「デジ懇」のテーマも、まさに「製作工程としていかに電子データを保持するか」「権利処理のモデルをどうするか」というものです。

製作工程の点では、雑協が2010年の1月から2月にかけて100誌程度をデジタル化して行なった実験の際も大変苦労しました。あまりにも元のデータのフォーマットがバラバラだったので、印刷所も悲鳴を上げてしまったそうです。なぜバラバラのフォーマットだったかというと、雑誌には編集部や編集プロダクション、フリーのカメラマンからライターまでたくさんの人が関わっているため、画像処理ソフトやDTPソフトの統一ができないためです。また、レイアウトに凝ったページの場合、組版データではなく画像データとして作ってしまうこともあります。

印刷物にするだけなら、バラバラのデータも一様に割り付ければ本にすることができますが、これをもう一度デジタルに解こうとすると大変なわけです。出版社や印刷所が持っているデジタルデータは印刷するためのデータに過ぎず、デジタルコンテンツに転用できるデータになっていない、という現状は、今回の実験ではっきりわかりました。

この事態を解決するためには、各カメラマンやイラストレーターに「同じレベルのDTPソフトを買いなさい」と言っても無理ですから、印刷会社が最終データを生成する段階で、紙にも出力できるし電子データとしても提供できるようにする、という体制をとるしかありません。

そのことは印刷会社もわかっていて、大日本印刷でM&Aなどを担当している森野鉄治さんは同業の印刷会社向けの講演で「電子書籍のフォーマットを統一しましょう」と呼びかけています。印刷会社としても、電子化に対応できなければ出版社から仕事をもらえなくなってしまいますから、対応せざるを得ないと思います。
大きな出版社は電子化への対応も内部でできるでしょうが、小さな出版社は、とても自分ではできません。ですから、印刷会社がきちんとデジタル化の体制をとって出版社へサービスをしない限り、出版の電子化は難しいと思います。

●権利処理モデルの確立

もう一つの権利問題も、カメラマンやライターなどすべての人の権利を処理しなくてはならず、大変な苦労です。
雑誌をネットで展開するときのモデルには、雑誌のブランドでウェブサイトを作って情報を出し、そこに広告を載せて広告料で稼ぐモデルと、雑誌のコンテンツをバラバラにしてデータベースにして、その中の写真や記事をB to BないしB to Cでバラ売りするモデルがありますが、特に後者のバラ売りモデルの場合、ある写真が欲しいと言われたときに、いちいちその写真を撮ったカメラマンに連絡して契約書を交わしていては、それだけでコストオーバーになってビジネスになりませんから、最初からすべて権利処理された状態にしなければいけません。
これもアメリカの例ですが、生活実用系の雑誌を出しているメレディス（Meredith）という出版社は以前から権利処理を進めていて、関わったカメラマン、ライター、デザイナーすべてに、「一度提供したものに関しては二次使用以降も許諾する」という一筆を取っているそうです。「デジタルでの使用に対してはお金は払わない代わり、最初の原稿料を少し上げた」と言っていました。
メレディスは家の写真や花の写真、料理の写真などをデータベースにしていて、世界中で提携している出版社はそこから自由にコンテンツを引き出して雑誌などを作っています。そんなことができている日本の出版社は皆無ですが、本来、そこまで体制を整えないと、デジタルで商売することは難しいのだと思います。
著作物の権利に関しては、パブリックドメインの取り扱いも大きな問題になるでしょう。パブリックドメインとは、著作権が切れていて公共的に使える著作物で、日本で言えば、著作者の死後50年以上経った著作物がそうです。それらは著作権法上自由に使うことができて、個人がインターネットに載せたり、本にしたりしてもいいものです。
しかし、今まではそれを商品として提供する手段がなかったため、出版社がほぼ独占的に商売していました。
たとえば新潮社の一番の食い扶持は、村上春樹の『1Q84』ではなく、ドストエフスキーやトルストイ、夏目漱石の文庫本なのです。ある一つの書店で夏目漱石が年に5冊売れるとして、全国の書店を合わせると相当な数になります。一度作ってしまえば編集などの費用は非常に安く、しかもパブリックドメインですから、印税は一切払っていません。そのバックリストを大量に持っているため、ひとつひとつの回転率はそれほどでなくても、大きな収益が上がる、というのが日本の出版社のビジネスモデルなのです。
ところが、電子書籍が普及して、パブリックドメインの作品を簡単に出版することができたら、これまでのビジネスモデルは成り立ちません。出版社が一番恐れているのは、おそらくこの点です。
逆に、著作者が権利を持っているものに関しては、それほど恐れなくてもいい。新聞記事などで「出版社は、著作権者が直接Amazonと取引することを恐れている」と書かれていますが、おそらく、そのことを本気で恐れてはいないと思います。なぜなら、出版社は相当なアドバンテージを持っているからです。

私が考える出版社のアドバンテージは、まず、よく言われている「編集の力」です。著者が書いた素の原稿には間違いもありますから、第三者が見て手を入れる共同作業を行なっている、だからこそ今の出版物のレベルが保たれている、という構造です。実際はそこまで美しい話ばかりではなく、学術書など論文をそのまま本にしている場合もたくさんありますが、少なくとも新潮社くらいの出版社は、編集者がしっかり手をかけてレベルの高い、いい本を作っていると思います。

もう一つのアドバンテージはマーケティング力で、出版した本をどこで販売するか、どうやって供給するか、その本を知らない人にどうやって知らしめるか、を供給する力です。これは著者が自分でやろうと思っても、そう簡単にはできないことです。

私は、編集という「著作物を商品にする力」と、マーケティングという「商品をきちっと売っていく力」は、デジタルになろうが成立すると思っています。おそらく出版社も、そう思っているでしょう。大学の先生の論文をそのまま本にして、その先生の授業でだけ使ってもらうようなビジネスをしている出版社にとっては由々しき事態だと思いますが、それなりにしっかりとした編集やマーケティングをしている出版社にとっては、あまり恐れはないでしょう。権利を持っている著作者と排他的な契約を結べば、他のところは本を出せませんから、問題はありません。

ところがパブリックドメインだと、このモデルはうまくいきません。パブリックドメインで利益を生み出すことができなくなると、出版物の再生産の構造が壊れてしまうのではないか、というのが問題で、だからこそ「出版社の権利」というものが出てくるのです。

「出版社の権利」は10年以上前に、文化審議会で「創設をするべきだ」という答申が出て以来全然創設されず、多くの出版社は気にしてきませんでしたが、書籍のデジタル化が進み、出版社が権利を持っていないとパブリックドメインの作品は誰でも自由に出せてしまう、ということが現実的になり、クローズアップされるようになりました。
実際、今回の懇談会のメンバーである文部科学省の中川正春副大臣は、私たち新聞記者には「出版社がお求めになるかどうかですよ」と言いますが、出版社に向かっては「あなた方はなぜ権利を主張しないのか」と仰ったそうです。
それに対して、「パブリックドメインを独占するとは何事か」という意見が、利用者の側から当然出てきます。著作者は微妙な立場で、出版社を信用する部分もあれば、不信に思っている部分もあります。著作者が一番不信に思っているのは、「品切・重版未定」という棚晒し状態の本がたくさんあることです。「絶版」になれば他の出版社に持っていけるのですが、「品切・重版未定」は、本屋では手に入らないし重版も決まっていない、他の出版社からも出せない、という状態です。もちろん、「品切・重版未定」のものを絶版にして他から出したら売れるかというと、そもそも売れないから重版未定になっているのであって、ほとんどのものは売れないと思います。しかし、「それでも棚晒しよりはいい」と考える著者はいるでしょう。著作者も100%出版社を信用しているわけではありません。
それでも、日本は欧米に比べて、著作者と出版社の信頼関係は非常に強いと言えます。欧米では、著作者と出版社の間にリテラリー・エージェントという代理人が入っていて、日本の編集者の仕事の半分はエージェントがやっています。日本の編集者は著者と個人的に付き合い、特に文芸は、先生が「来い」と言えば夜中でも飛んでいったりする世界です。ただ、電子化が進み、お互いの権利を確保しなくては、というときに、今までは見えなかったことが争いの種になってくると思われます。
もう一つは「電子納本」です。長尾館長は、国会図書館への納本を電子データでしてくれれば図書館自身が電子化する必要がないので、その分のお金を余分に払います、と言っています。中川副大臣も、電子納本に言及しています。出版社側としても「お金を余計にもらえるのなら、紙ではなく電子で納本してしまえ」となると思います。
このようにさまざまな浮き足立った議論が進んではいますが、実際問題として、書籍の電子配信は、日本ではほとんど普及していません。コミックの携帯配信などが例外的にあるくらいです。しかし日本は進みは遅い分、事前調整を非常にしっかりやる国だと思います。
確かに今はアメリカや韓国に比べて進んでいないように見えますが、データ作りの体制、権利処理、販売ルート、電子納本の仕組みが整えば、一気に電子化は進むと思います。
電子書籍が市場を形成すると紙の本にどのような影響を与えるかは、現時点では、私には判断が付きません。すくなくとも、日本語が表示される電子ブックデバイスで、自分で本を1冊でも読んでみないと何も言いようがない、というのが正直なところです。

●大日本印刷が進める出版業界のグループ化

2番目に、出版業界再編の話をします。2009年は書籍の電子化の動きの一方、大日本印刷が丸善、TRC（図書館流通センター）に加えて書店の雄・ジュンク堂を傘下に入れたという大きなニュースもありました。
ただ、大日本が丸善の筆頭株主になったのは2007年ですので、最近出てきた話ではなく、これまでの流れに沿ったものと言えます。
この買収の理由は、プレーヤーの事情によって違います。丸善は以前から業界内では経営的に「危ない」と言われ続けており、「どこが買うのか」という状況でした。そんな中で、わけのわからない会社ではなく、出版業界への理解もある大旦那の大日本が買ったことは出版業界も歓迎の雰囲気で、当時大日本に対して「大日本帝国」なんて言う人はいませんでした。
しかし、次のTRCへの出資は出版業界を驚かせました。TRCは公共図書館に本を納入する業者として非常に大きなシェアを持っていて、出版業界の中でこれだけ財務がいい会社はないというくらい、しっかりした会社です。しかも、石井昭さんという創業オーナーが中心にいるなかで、なぜ大日本に株を売ったのでしょうか。
いろいろな考え方がありますが、石井さん自身は「後継者問題だ」と言っています。「TRCはある種公共的な仕事になっている。自分がいなくなった後に継続させていくためにも、できるだけ地盤をしっかりさせていきたい。そのときに大日本から出資の話があったので、乗りたいと思った」と説明しています。それはある面では真実だと思いますが、もう一つ、図書館の流通だけでなく新刊の流通にも非常に興味を持っていることが伺えます。
TRCはbk1というオンライン書店をやっていますが、スタート当初のbk1はTRC以外に電通、アスクル、日経グループ、富士通など、錚々たる企業が参加していました。なぜそこまでのメンバーが集まったかというと、実はそこにもう一つ最も重要なプレーヤー、Amazonが入るはずだったからです。
石井さんたちはシステム、流通、マーケティングを押さえたグループを作り、Amazonを迎え入れようと考えていたのです。ところがAmazonは、基本的に他の会社との合弁はやりません。中国やスペインなど一部例外を除いて、100%の出資で運営をします。そのため石井さんたちのグループとも話が決裂し、一大グループが宙に浮いてしまうことになりました。それがbk1としてスタートしたのです。これは申し上げるのが憚られるのですが、bk1は最初はそれほど調子がよくありませんでした。今は書籍に関してはある程度販売できているようですが、Amazonや楽天と比べると売上は少ないものです。それは、最初のところで一番肝心な魂が抜けてしまったからだと思います。

もう一つ、石井さんの新刊流通への意識の表れとして、トーハンからの帳合変更があります。2009年、TRCは創業以来のトーハンから帳合変更をし、日販との取引を始めました。そのときにトーハン側から「石井さんは当社にやって来られて、二つの理由で帳合変更を仰いました。一つは学校図書館問題で、もう一つは日教販問題です」という発表がありました。

学校図書館問題とは、TRCが学校図書館への流通をしようとしたけれど、トーハンが地元の書店に気を使ってうんと言わず頓挫した件です。

日教販問題とは、数年前にTRCと日教販との合併が、やはり頓挫した問題です。どちらも三菱銀行の取引で、三菱銀行が仲介人になってほとんど決定するところまでいったのですが、トーハンおよび書店が反対をしました。石井さんとしては、一般の流通の学参・教科書ルートと、図書館の流通の両方を持つメリットを感じていて、そのことによって、返品率の非常に高いだらしのない新刊流通にインパクトを与えられる、と考えたのです。

しかしどちらの話でも、石井さんは煮え湯を飲まされていたわけです。

今回大日本の傘下に入り、そのグループの中には丸善、ジュンク堂があって、TRCは返品率13%の流通を持っている、という中で何を考えているか、これ以上は想像するしかありません。
昨年大日本の傘下に入ったジュンク堂は、池袋店に象徴されるような大きな店をどんどん出していて、非常に調子がいい、という印象の本屋でした。しかしここも、TRCと同じように、オーナー企業であるのに関わらず、権利の半分を売ってしまいました。その理由は、どんどん店舗を出店し続けていくなかで、負債が工藤家の預金100億円を超えそうになったからだと、ジュンク堂の工藤さんがはっきりと言っています。負債が資産を超えると銀行からの借入がしにくくなり、出店もできなくなりますから、工藤さんは何年も前から、上場することによって市場から資金を得て出店をしていこう、と考えていました。実際、家族が持っている株の整理もして、上場の準備をしていたところに、CHI［*12］の小城さんから大日本の森野さんを紹介され、3人で東京駅辺りで飲むようになり、出資の話になった、という経緯です。
その際、工藤さんは経営権は今まで通り自分で持つという条件で出資を決断したそうです。ですから、工藤さんは会社をパブリックなものにしても、自分の事業をどんどん展開してジュンク堂を日本一の本屋にしていきたい、と考えているのではないかと思います。
以上のように、お三方はまったく違った動機で、しかもそれぞれ非常に個性の強い社長さんですから、今後どういった相乗効果を上げていくかが見物であります。
既に具体的な動きも出てきていて、TRCと丸善はCHIという共同持株会社を設立しています。TRCは公共図書館、丸善は大学図書館という棲み分けをする一方、図書の装備などは共同でやれるよ

［*12］**CHI**……2010年2月に丸善とTRCが経営統合を行ない、設立した共同持株会社。大日本印刷の子会社。正式名「CHIグループ株式会社」。ジュンク堂書店と業務提携を行なっており、2013年までを目処として、ジュンク堂も経営統合に参加する予定。

うにしましょう、図書館業務の委託もどんどん受けていきましょう、という話が進んでいるようです。現在両社合わせて300館程度の委託を受けているのですが、まだまだ増やしていくでしょう。新座につくったTRCの新しい流通センターでは丸善の装備もしていると伺っていますし、丸善とTRCの間で人事交流、人材育成もやっていると聞いています。

もう一つは丸善が主になりますが、「返品しない書店を年内には作りたい」とCHIの小城さんが言っています。小城さんは、新刊の返品率が平均40%と非常に高くなっているなかで、産業自体のパイが増えない以上、返品のロスを削減していくことで利益体質にするしかない、と考えています。出版業界全体も、返品率を下げるために様々な取り組みをしています。

よく「日本は新刊点数が多いから返品率が高い」と言われますが、ドイツでは日本と同じくらいの点数で7%前後の返品率を保っています。ドイツは時限再販ですが再販制度があるなかで、返品率は10%以下。日本との違いは、買切りか委託か、という点だけです。ですから、返品が多い理由は新刊が多いからでも、再販制度があるからでもなく、単に委託販売で返品が可能だからです。

委託を残したまま返品率を下げようとするから大変なのであって、小城さんが考えているのは、買切りです。

もちろん、そのためには仕入れをしっかりしなければいけません。アメリカでもドイツでも、書店はきちんと目利きをして本を買っています。出版の半年前には、刊行情報を載せたカラーのカタログが作られ、それを持って出版社が営業して回り、書店が注文をして、新刊が送られてくるのです。日本のように、勝手に新刊が送られてくる国は他にありません。

丸善では、発注の精度を上げるために、お茶の水店を実験店舗にして需要予測のシステムを作っているそうです。これまでの書店は売り損じを避けるため、とにかく多めにとって後で返品する傾向がありました。特に大型書店ほど多めに発注する傾向があるため、余計な発注をできるだけ抑えることが返品率の低下に繋がるわけです。出版点数が膨大にあるため人の手ですべてはできませんから、需要予測を機械化する仕組みを作っているのです。

その流通にTRCも絡んでくるかもしれません。先に申し上げたように、TRCは返品のない図書館が主な取引先のため、13%と低い返品率を保っています。丸善はTRCの需要予測のノウハウを参考にしよう、と考えていると思います。そして現在TRCに入ってきている新刊情報も丸善に回し、丸善の大学営業や店舗にも使っていこう、ということも考えているでしょう。

もう一つはオンデマンド出版〔*13〕です。店舗ないし外商に印刷機製本機を置いて、必要なときに作って出せば、返品は生まれません。これは大日本の技術を使えば可能です。

さらにアメリカのバーンズ&ノーブルと同じようなビジネスモデルも考えられます。バーンズ&ノーブルは「nook」〔*14〕という電子書籍端末を販売し、そこに入れる電子書籍も配信し、Amazonに対抗しています。日本はアメリカよりも少し動きが遅いですから、その間に何ができるだろう、と思ってらっしゃるようです。

●委託システムの限界と買切りへの移行

最後に、取引制度の変化についてお話します。先ほどから申し

〔*13〕**オンデマンド出版**……本をデジタル化して保存し、読者からの注文に応じて1部から印刷製本するサービスのこと。「オンデマンド」(On Demand)は要求に応じてという意味。

〔*14〕**nook（ヌック／Barnes & Noble Nook）**……アメリカの大手書店チェーンBarnes & Nobleが2009年11月に発売した電子書籍リーダー。コンテンツの内容を表示するE Inkディスプレイと、タッチ式で操作できるカラーディスプレイの二つのディスプレイがある。Googleが提供するモバイル端末用OS、Android（アンドロイド）をベースにしている。

上げているように、市場が拡大しているときは返品によるロスも市場が吸収してくれていたのですが、市場が収縮してくるとたくさん撒いてたくさん返品されてくる、という負のスパイラルに入ってきました。これが端的に現れたのが、2010年1月に日販が行なった出版社に対する送品規制です。日販は「総量規制」と言っています。この規制で出版業界は蜂の巣をつついたような大騒ぎで、日販の社長のところに怒鳴り込んだ人までいました。

日販は書店への新刊委託配本の量をトータルで5%カットしようと考えました。そのときに、今まで返品率が高かった出版社は希望数から多く減らして、返品率が低い出版社はあまり減らさない、という差をつけたため、中には配本を半分や3分の1にされた出版社が出てきました。委託の配本数を減らされれば入ってくるお金の量に直接跳ね返ってきますから、大幅に減らされた出版社は真っ青になりました。

なぜ日販が出版社が怒るような規制をしたのかというと、去年から今年にかけて、書店店頭の販売冊数が前年同月を下回り続け、書店からの発注量もどんどん下がっているなか、新刊配本の量だけはどんどん増えていたのが理由です。まさに「需給のギャップ」ですが、昨年から今年にかけて、創業以来かつてないほど長い間ギャップが続いたことで、強い危機感を持ったようです。

日販はこれまでも情報システムや物流に投資をして、市場に適切な供給をする取り組みをしてきましたが、返品率はほとんど下げられませんでした。なぜなら、「返品してもいい」という仕組みでやっているからです。そうなると日販としても、「委託はもうダメだろう」と考えるのは当然です。一応、今は「委託と買切りの併用」と言っていますが、ある時期で委託は止めないと、需給ギャップが埋まらないまま、ジリ貧になってしまいます。

そこまでの需給ギャップの原因は、一つは委託システム、もう一つ、これは公然の秘密ですけども、大手出版社及び老舗出版社が委託で取次に納品した際の条件払いです。大手や老舗の出版社は、納品した翌月に売れてもいない本の代金を払ってもらえ、大手の出版社には入れた分の100%が支払われています。そんな条件で取引をしているので、「だんだん売れ行きが落ちてきたな。じゃあ、新刊作って入れろ」と考える出版社が出てきます。後で返ってくるかもしれないけれど、入れれば翌月入金があるので、どんどん入れる。そうすると当然返品も増えて、どこかでひっくり返る、という自転車操業倒産が、この間いくつもありました。老舗と言われる出版社や、売れていると言われていた出版社が倒産すると、新聞では「出版不況」と書きますが、原因は不況ではなく自転車操業です。自転車操業以外でつぶれた出版社はまだほとんどありませんので、そういう意味では出版社の淘汰はまだ日本では始まっていません。取次システムが行き詰まって、もう委託は取れません、となったときに初めて、日本の出版社の淘汰が始まる。それこそが本当の「出版不況」であり、日販の総量規制はその狼煙だと思います。
しかし買切りにすると、送品量がグッと減ってしまいます。現在返品率が4割ですから、単純計算で送品量が6割になったとして、今の組織を維持したまま売上が6割になったらつぶれてしまいます。ですから、返品のロスを減らすことによるコストダウンと売上の低下で、どうバランスをとるかという難しい綱渡りをしなければなりません。
ただ、私は「もうあまり時間が残っていない。この5年くらいの間に状況は相当変わるだろう」と感じています。望むと望まざるに関わらず、変えざるを得ない状況に来ていると思います。

●出版業界の変化はチャンス

会場……最近の出版業界で、なにか明るいニュースはありますか?

星野……私は今日、すごく前向きな話をしたつもりです。「変化はチャンス」と言いますが、まさに森野さんや小城さんは、そう感じていると思います。状況が変わるときでないと、チャンスはありません。

具体的に感じている変化を二つお話します。

一つめは良い話でも悪い話でもあると思うのですが、2009年に講談社［*15］が百周年を記念してDVDを作りました。講談社は野間清治が東大にいた頃に学生ベンチャーとして創業した出版社で、大正から昭和にかけて、特に震災の図録で、初めて雑誌ルートに書籍を流すということをして大成功し、今の本館ビルが建ったと言われています。当時大きかった博文館［*16］という垂直統合のコングロマリットと、戦前最大の取次の東京堂［*17］という大きなグループが落ちていくときに、新しい流通を見事に取り込んでいった結果、講談社の今がある、という内容のDVDで、なるほどと思ったのですが、「さて今の講談社はどっちの立場だろう」と考えてしまいました。

おそらくそのDVDを作った講談社の中の方も、そういった危機感があるのだと思います。野間さんも、当時がまったく変化のない時代だったら、「元気のいい出版社の社長」で終わっていたかもしれません。岩波茂雄さんも同じ時代、アイデアと工夫で新しいもの

［*15］**講談社**……国内最大手の総合出版社。1909年設立。2008年の刊行点数は2,310点。

［*16］**博文館**……1887年設立の戦前日本最大の出版社。近代の出版流通システムの基礎を作ったといわれる。取次の東京堂を始め、印刷・広告・用紙会社を傘下に持っていた。現在は日記帳を主とした博文館新社が残っている。

［*17］**東京堂**……1890年に創業した書店・取次・出版社。博文館の子会社として設立。当時の最大手の取次だった。1941年、事実上の国策会社である日本出版配給の誕生とともに解散。戦後、書店部門と出版部門が東京堂書店と東京堂出版にそれぞれ分離独立した。

を作っていきました。今は講談社、岩波書店が出てきた時期に近いと思います。
木版が活版になって制作が劇的に変わり、流通網も変わったことで、江戸時代までやっていた出版社はほとんどなくなり、明治以降、新しい出版社がたくさん出てきました。そのことで日本の出版は衰えたかといえば、それはまったく逆であることは皆さんご存知のとおりで、制作と流通の両方に大きな変化をもたらすデジタル化も、今の我々が想像していないほどの大きく広がっていくのではないかと思います。
もう一つは、もう少し身近な話です。最近私は、駅前の小さな書店が元気だと思っています。一つは早稲田などにある「あゆみブックス」[*18]という書店で、30〜70坪くらいの書店を首都圏と仙台で14店舗展開しています。親会社は喫茶店のシャノアールです。
もう一つは青梅にある「ブックスタマ」[*19]で、これも10店舗ほど展開しています。
あゆみブックスは比較的社員比率が高く、40坪くらいの店舗にも社員が2人か3人います。あゆみブックスのなにがすごいのかと思いますが、単純にお客さんがいっぱい入っています。なぜ入っているかは、面白いからで、それ以外に理由はありません。
あゆみブックスの専務が2009年の夏に、フランチャイズとして、西荻窪に颯爽堂[*20]という35坪の本屋をオープンしました。バス通りで、昔あったオリジン弁当が撤退してしまったような非常に悪い場所なのですが、オープンして半年の売上は、見込の3割増だ

[*18] **あゆみブックス**……1986年創業の書店。経営母体はカフェチェーンのシャノアール。郊外を中心に首都圏と仙台に14店舗を展開（2010年5月現在）。
[*19] **ブックスタマ**……1983年創業の書店。経営母体はスーパーマーケットのマルフジなどを経営するマスヤグループ。東京、神奈川、埼玉の郊外に10店舗を展開。福生店は同フロアに新古書店を誘致した。
[*20] **颯爽堂**……2009年に開店した西荻窪の書店。あゆみブックスのフランチャイズ店。

そうです。たしかにいつ見ても人が入っていて、終電近くに通り掛かると、目の前を歩いているお姉さんやおじさんが、スッ、スッと入っていきます。お酒飲んで酔っ払っていたり、疲れていたりしても、「ここに寄ったらなにか面白いものがあるんじゃないか」と思うようなお店なのです。

これはオンライン書店と全く違う来店動機です。おそらく「この本を探したい」と思って颯爽堂に行く人はいません。町の本屋さんは、面白ければ人が来るわけです。しかも、書店の数はどんどん減っていますから、残った面白い本屋には、お客さんが集中するわけです。ですから、最後の一軒がけっこうちゃんとやれている、という感じがしています。あゆみブックスやブックスタマ、そして東横線沿線の「住吉書房」〔*21〕のようなモデルが、首都圏では業績がいいです。

私は颯爽堂を見ていて、「本が欲しい人はまだまだいるんだ」と思いました。颯爽堂を訪れる人たちは、颯爽堂がなかったときは勤め先の近くの書店などに寄っていたのだと思います。もしくは、そのまま忘れていたか。それが、近所に本屋があることで、土日になれば子供と一緒に入って、何か少し買っていく。平日でも、通勤の帰りに入る、ということができるようになったのです。電子書籍が町の書店にどう影響を与えるかはわかりませんが、颯爽堂や住吉書房のようなモデルで、残る書店は残っていくと思います。少なくとも、私のような世代がいる間は、やっていけるでしょう。

最寄り駅に書店があることは、自分が思ってもいなかった本に出会ったり、本を好きになったり、ということがありますので、産業としても重要なものだと思います。

〔*21〕**住吉書房**……1971年創業の書店。神奈川県を中心に東京、千葉に17店舗を展開。1927年にそば屋を創業し、後に書店業を開始した。店舗の約1/3が東急線沿線の住宅密集地にある。

●リアル書店は変化に対応できるか

会場……これから5年で、リアル書店はどのくらい減っていくでしょうか?

会場……委託販売がなくなった場合、日本の零細書店は残っていけるでしょうか。目利きで間に合う問題でしょうか?

星野……どのくらい減るかは、本当にわからないです。ただ、いくつかのファクトがあって、「出版全体の売上がどれくらいのペースで下がっていくか」「電子書籍が出たときに紙の本のマーケットにどのくらい影響を与えるか」によるところが大きいでしょう。ほかに、「オンライン書店のシェアがどこまで高まるか」ということもあります。韓国ではオンライン書店がシェアの3割近くを占めていますし、Amazonはまだまだ成長しています。

委託に関してですが、私が知る限り世界を見ても委託配本がある国はありませんので、日本の本屋だけができないとは、私にはとても思えません。数年前に何度か行っていた、アメリカのオレゴン州ポートランドにあるパウエルズブックス［*22］という本屋の店員は、日本の書店員とほとんど変わりませんでした。本が好きだから本屋にいるし、店長になれと言われても「現場をやらせてくれるなら」と言うようなBook Loverばかりです。ただ唯一違ったのは、言葉が英語だからかもしれませんが、彼らは仕入れることをbuyと言うことです。買って、値段をつけて、売る。売れなかったら、バーゲンにして、それでも売れなくて残ってしまったら廃棄処分にする。彼らは「本を買う」という意識で仕事をしていますし、買うのは当たり前ですから、新刊点数が多いから買えないとは言いません。どう買って、最終的にどう利益を出していくかを考えています。

もちろん、アメリカだって返品ゼロということはありません。アメ

［*22］**Powell's Books（パウエルズブックス）**……アメリカのオレゴン州ポートランドで6店舗を展開する書店。創業は1971年。新書と古書を並べて併売している。

リカの書店組合が作っている取引条件の本を見ると、何冊までは何%、何冊以上は何%で出荷するというディスカウント率と、それに対する返品率が全部書いてあるように、基本的に返品はとります。ですから、書店の人は一定期間経って売れない場合は、値下げをして売ってしまったほうがいいのか、返品したほうがいいのか、判断するわけです。これが普通の話です。
繰り返しになりますが、日本の本屋だけできないとは思えません。

●三大出版社のブックオフへの出資

会場……出版社のブックオフ〔*23〕への出資についてお話ください。
星野……2009年の業界一番のニュースは、ブックオフに講談社、小学館、集英社という日本の三大出版社が出資をしたことでした。それまでのブックオフはまさに業界の敵で、特に漫画を出している出版社は「あんなものは」という態度だったはずが、いきなりの出資発表でした。
書店や取次の中には、小学館、講談社、集英社に対する不信感があり、「一体何を考えているのか説明しろ」と厳しい発言が相次ぎました。
書店にとっては、目の前の敵と思っていた相手に、味方だと思っていた会社が出資したわけですから、苛立つのも当然です。取次も書店と同じような態度でした。
3社の説明は、ブックオフの創業者の坂本さんが手放した3割の株を、CCC〔*24〕やGEO〔*25〕といった会社に買われてしまうと、何

〔*23〕**ブックオフ**……1990年創業の古書店で、いわゆる「新古書店」の草分けといわれる。現在は青山ブックセンター、流水書房を子会社化し、新刊書店も経営しているほか、絶版本在庫を買取り、定価の半額で売る「Bコレ!」などを行なっている。
〔*24〕**CCC（カルチュア・コンビニエンス・クラブ）**……1983年創業。「TSUTAYA」の直営及びフランチャイズ事業を行なっている。店舗数は1,390店、うち書籍・雑誌販売を行なっているのは596店（2010年3月時点）。

をするかわからない、それならば出版社で買っておいたほうがいいのではないか、という防衛的な出資だというものでした。
確かにその後の動きを見ていても、出版社側に明確に「こうしよう」という考えがあったとはとても思えません。というのも、出資をプラスに活かしているのはブックオフ側で、出版社は何をしていいのかわからない、という雰囲気だからです。講談社、小学館、集英社、大日本印刷、丸善、TRCとブックオフは協議をしていて、その協議の中でブックオフ側から提案として出されたのは、ブックオフが著作者や出版社に対するある種のフィードバックをする、というものでした。もちろん著作権は消尽していますので著作権使用料にはなりませんが、「企業の社会的貢献」というかたちの基金を作り、そこに中古屋さんたちがお金を出して、たとえば文学賞といったかたちで作家に還元するのはどうですか、という提案です。
もう一つは、中古の売り場にたとえば「『ONE PIECE』の新刊が出ました!」というポップをつけて新刊書店に送客する、というものでした。
これらの提案に対して出版社側からの明確な答えは出ていません。そんな状況ですから、2009年の秋に、流水書房という傘下の新刊書店と中古店を同じ敷地に併設したブックオフのほうが、出資を有効に利用していると思います。
ただ、去年ブックオフの出資があったあと、小学館の関連会社の昭和図書という物流会社が、不正返品について発表したことがありました。不正返品とは、中古品や漫画喫茶にある商品を返品をしてお金をもらう犯罪行為です。「不正返品」と「新刊書店で万引きした本の売り先になる」そして「新刊の売上が下がる」という3つは、中古店に対する批判の主なものです。ところが、昭和図書

[*25] **GEO（ゲオ）**……1989年創業。複合メディアショップ「ゲオショップ」を運営している。ゲオショップの店舗数は978店(2010年3月時点)。

が「1ヶ月にわたって自分のところにくる返品を全部視認して、一冊も不正返品はなかった」という発表をしました。
そしてつい先日、今度は日書連の会長と古書組合の会長とブックオフの社長と小学館の社長が並んで、万引き防止キャンペーンの記者会見を開きました。実態として、ブックオフの方が多くの新刊書店よりも万引き対策はしっかりやっていますし、買取についても普通の古本屋よりも厳しい基準でやっていることをアピールしていました。
ですから、ブックオフに対する三つの批判のうち二つはなくなってしまいます。最後の「新刊に悪影響を及ぼす」という批判も、名古屋に作った新刊・古書の併売店で検証して、「悪影響はない」ことを証明すれば、ブックオフへの批判はすべて根拠がなくなります。そうなれば、出版業界側も、中古マーケットを排除するのではなく、取り込まざるをえなくなります。ですから、防衛的な出資という気持ちもありながら、中古市場を取り込んでいこう、という気持ちもあると思います。ただ、あまり大きな声で言うと書店に怒られるので言っていない、ということだと思います。

●公共図書館の電子書籍への対応

会場……国内では千代田図書館で電子書籍の貸出が始まっていますが、今後どんどん進む可能性はあるでしょうか?

会場……アメリカの図書館では電子書籍リーダーの貸出が行なわれていると聞きましたが、今後日本の公共図書館でKindleを貸し出すことはあるでしょうか?

星野……今後図書館がどうなるかは図書館の方に聞いたほうがいいと思いますが、少なくとも、紙の本も電子本もどちらもあるならば、どちらも揃えるようになるのではないでしょうか。

ただ、国立国会図書館はデジタルコンテンツの収集をしていますから、電子書籍にも対応していくと思います。
日本の図書館でKindleを貸し出すかどうかは、皆さん次第としか言いようがありません。逆に、視聴覚資料の場合はどうだったのでしょうか。

●図書館の果たす役割

会場……企業が図書館に果たす責任をどうお考えでしょうか?

星野……逆に、図書館が出版活動を支えるために果たす役割があると思っています。別の場所で「図書館がどんどん買ってくれるようになれば、電子書籍は普及しますよ」と言ったこともあります。今年は「国民読書年」〔*26〕としてたくさんのイベントが行なわれていますが、ほとんどがただイベントをやっているだけ、という状況です。国や社会が出版産業を振興していこうと考えるのであれば、図書館にしっかり予算をつける、といった間接的なサポートが一番ふさわしいと思います。
お答えになっていないかもしれませんが、図書館を通じて社会が出版産業をサポートしていく、という考え方はあっていいと思います。それは出版業界にいる人間としても期待していますし、一市民としても期待したいところです。

〔*26〕**国民読書年**……2008年に衆参両院で「国民読書年に関する決議」が全会一致で採択され、「文字・活字文化振興法」の制定・施行5周年にあたる2010年を国民読書年として制定した。キャッチフレーズは「じゃあ読もう。」。

編集者とデザイナーのためのXML勉強会

テキストの読まれる場が印刷物から電子デバイスに移ることで
編集者、デザイナーの仕事はどう変わるのか？
まずは電子書籍を作成する際に実は一番大切な、
構造化文書・<タグ>つきテキストの基本、そしてXML、HTMLの基本構造を
理解することから始めよう。

深沢英次（ふかさわ・えいじ）
1961年生まれ。メディアシステム・ディレクター／グラフィックデザイナー。フリーでグラフィックデザインの他にデザイン系書籍の執筆や編集、システム構築、ウェブサイトの作成などを行なっている。1994年から1998年まで、雑誌「ワイアード日本版」のテクニカルディレクターと副編集長を兼任。

電子出版が話題になっていますが、今まで紙の印刷物を作ってきた編集者やデザイナーたちは、自分たちの仕事は今後どうなっていくのだろうかと不安を抱えています。「これからXMLやEPUBでの電子出版が主流になる」と言われても、それがどのようなものなのか、なかなかイメージが掴みにくい人も多いようです。

そこで、2010年4月の16日にTwitter上で呼びかけた有志が集まり「HTMLもよくわからない編集者とデザイナーのためのXML勉強会」を行ないました。これだけでXMLが理解できるというものではなく、この先に各自が自分で勉強していくためのガイダンスというか、入門の入門みたいな話です。

ここでは勉強会で私が話した内容を掲載します。具体的には、編集者やデザイナーが「文章」をコンピュータ上で「受け渡すための方法」や「再利用」「互換性」などに関する話なので、技術的にはかなり端折った説明となりますがご容赦ください。

●コンピュータの基本ファイルは「テキスト」

DTPやウェブ、電子書籍などのコンテンツで「原稿」と呼ばれているものの大半は「テキスト」です。「プレーンテキスト」は、どのコンピュータであっても、受け渡しがほぼ保証されています。それ以外の、たとえばWordやInDesignファイル、PDF、といったネイティブファイルは、互換性が制限されてしまいます。たとえばケータイでPDFを見ることは難しいし、ゲーム機でWordの書類を開くこともできません。

さて、テキストファイルを文章原稿として受け渡ししても、コンピュータはその文字列が何なのか理解することはできません。小説なのか詩なのかニュースなのか伝票の数字なのか、意味自体を理解することなく、ただ文字が並んでいることしかわからないのです。

それを人間にもコンピュータにも理解・分類できるようにする方法が「構造情報」や「書式情報」をつけることなのです。
テキストの中に「これは小説」「ここからここまでは見出し」「ここからここまでは本文」といった記述（マーク）を付けていくことを文書の構造化といい、こういった方法でテキストを構造化することを「マークアップ言語」といいます。「言語」というのはコンピュータ用の言葉で書かれた文章やプログラムという意味です。
さらに、「見出しは24ポイントのヒラギノW6で色は青」とか「本文はリュウミン-Rの9ポイント行間二分」といった「書式情報」を用意する場合もあります。最終的な見た目の情報を、文書内に文字でつけ足しておく方法です。これらはスタイルシートと呼ばれます。
今回は書式情報やスタイルシートに関して説明する時間はないので、「マークアップ言語」について説明します。実は、ウェブサイトで使われるHTMLも、今話題のXMLも、このマークアップ言語（ML／Markup Language）なのです。

●HTMLとは

ウェブページの表示に使われてるHTML（Hyper Text Markup Language）は、昔からコンピュータの世界で文章の構造を表すために使用されていたSGML（Standard Generalized Markup Language）をベースに、1990年頃に開発されたものです。
まず最初に、元となったSGMLを見てみましょう。SGMLは1970年代からデータベース用のファイル形式として使われてきたマークアップ言語です。
SGMLでは、文章中に「タグ」という山形括弧（ギュメ）で括ったマーク部分を挿入して、「ここからここまでは見出し」であるとか「ここからここまでは脚注」であるといった意味（構造）分けをしました。「見出し」や「脚注」などといったそれぞれの要素（エレメント）や、「こういうタグを作ったから、こういう順番で使う」といったルール（DTD／Document Type Definition）は、記述する人が自由に定義することができました。
それに対してHTMLはインターネット上での情報共有が目的だったため、タグやDTDの定義を固定して共通化しました。その中で文書の中に画像を埋め込む「インラインイメージ」や、テキストのボールドやイタリック、TABLE（テーブル＝表組み）やフレームなど、ページのレイアウトや装飾のための要素などが規定されました。(図1参照)
HTMLでは「見出し」「本文」といった文章の要素が決まっている

ギュメ（山型括弧）でくくられた部分がタグ。
正式なタグは小文字だが、ここでは見やすいよう大文字にしてある
<HTML>
<HEAD>
<TITLE>HTML の歴史 </TITLE>
</HEAD>
ヘッダ
（書類情報、タイトルなど）
<BODY>
<H1>HTML の歴史 </H1>
<IMG SRC="fiat500.jpg">
<P>HTML（Hyper Text Markup Language）は、テキストによって文書の構造や要素の意味合いを表すためのマークアップ言語です。もともとコンピュータの世界で文章の構造を表すために使用されていた SGML（Standard Generalized Markup Language）をベースに、1990 年に Web 用として HTML が開発されました。SGML 式のマークアップ言語は、文章中に“タグ”というマークを挿入して「ここからここまでは見出し」であるとか「ここからここまでは脚注」であるといった構造分けをします。</P>
</BODY>
</HTML>
HTMLの歴史
HTML（Hyper Text Markup Language）は、テキストによって文書の構造や要素の意味合いを表すためのマークアップ言語です。もともとコンピュータの世界で文章の構造を表すために使用されていたSGML（Standard Generalized Markup Language）をベースに、1990年にWeb用としてHTMLが開発されました。SGML式のマークアップ言語は、文章中に"タグ"というマークを挿入して「ここからここまでは見出し」であるとか「ここからここまでは脚注」であるといった構造分けをします。

図1●簡単なHTML

だけで、それをどう表示するか、解釈は各ブラウザに任せていました。ブラウザはそれぞれ独自の解釈で、自分のマシン内のフォントを使い、本文だったらこのくらいのポイント、見出しならボールドでこのくらいのポイント、といった表示を勝手に行なっていました。しかしHTMLの普及が進み、ブラウザの種類が増え、要求をどんどん取り入れて肥大化していった結果、HTMLにはさまざまな互換上の不都合が出てしまいました。ブラウザやOSによってはレイアウトが崩れてしまうなど、「情報の共有化」という目的が損なわれるようになったのです。そこで、HTMLを本来の目的である文書構造の記述だけに戻し、見栄えやレイアウトは「スタイルシート（CSS／Cascading Style Sheets)」によって行なうという考えが支持され始めます。これであればブラウザやデバイスごとにCSS（見栄え）が分かれたとしても、文章構造だけは共有できます。

●SGMLからXML、そしてXHTMLへ

ちょうどその頃に、HTMLのベースになったSGMLが古くなったので、インターネットの時代に合わせてSGMLを使いやすく作り直そうと生まれたのがXML（Extensible Markup Language）です。XMLは簡潔で厳密な文法規則をもっており、学習や利用がしやすかったため、全世界から非常に支持されました。（図2参照）
文書や伝票などをXMLにしておけば、高度なデータベースとして情報を活用することができる。しかもXMLの中身はタグをつけた単純なテキストファイルなので受け渡しが簡単。このような理由により、XMLは今後のデータ形式の標準となっていく可能性があります。
XMLがうまくいったので、ウェブ表示用のHTMLも、記述方法やルールをXMLに近づけていくことになりました。それがXHTML

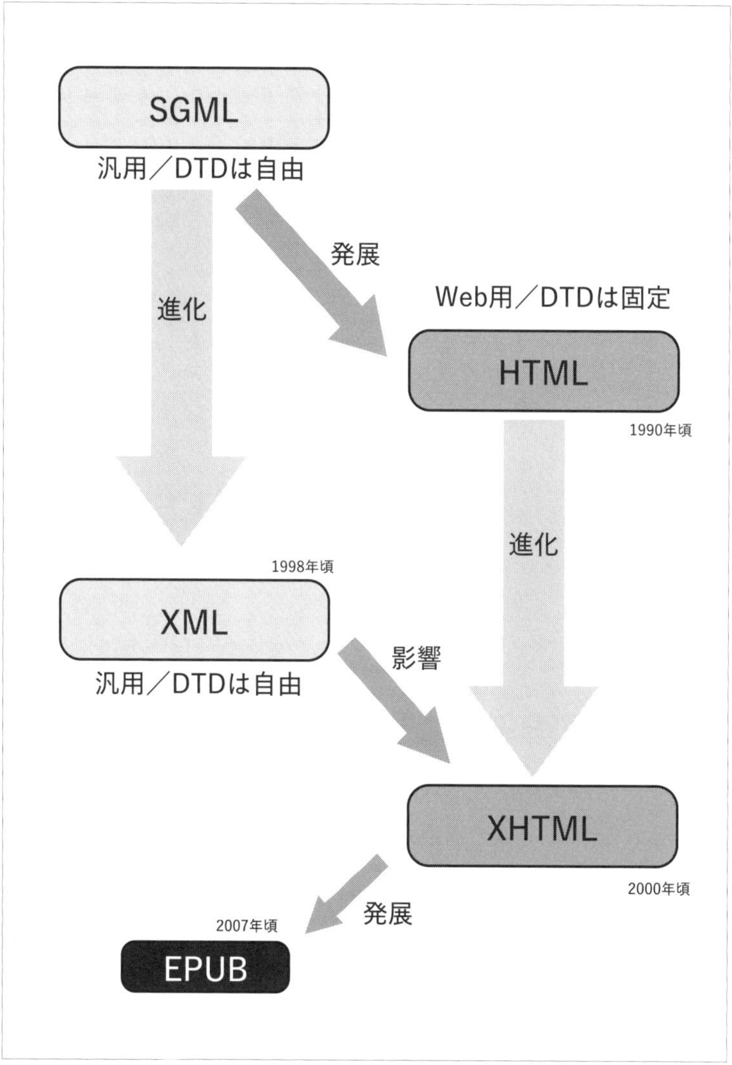

図2●SGMLとXMLとHTML

(HTMLのバージョン4.5) です。
HTMLとXMLを比べてみると、仕組みや記述方法などはほぼ同じですが「タグ」が違います。HTMLはW3C〔*1〕という標準化団体が決めたタグしか使えませんが、先ほど説明したように、XMLのタグやルール(DTD)はSGMLと同じように自分で定義することができるので、ウェブ表示以外のさまざまな使い方が出てきました。

●XMLのハンドリング

XMLといっても実はただのテキストファイルなのですが、その中を見てみると、XML宣言、DTD、データ部分という3つの要素で構成されています。画像や音声などはデータ部分にリンク先を記述することで呼び出します。
XML宣言というのは、「このテキストはXMLの書類ですよ」という表示で、バージョンや言語(文字コード)などが記入されます。DTD部分では「タグ」の種類や使い方のルールを決めておきます。一般的に「XML入門」といった書籍などでは、この部分の方法を解説していることが多いので、実際にXML文書を手書きで作ったり読んだりしたい場合は入門書を読んでください。今回はDTDやタグ(エレメント)の記述方法などには触れません。(図3参照)
さて、それでは普通の編集者やデザイナーはXMLをどう扱えばいいのでしょうか。実は、まだ素のXMLを開いて編集したり修正したりするソフトはあまり普及していません。現在、直接XMLを編集する必要があるのはプログラマーやデータベースの設計をする人くらいです。
しかし普段使いのソフトでも、保存するとき互換性を持たせ

〔*1〕**W3C**……正式名称World Wide Web Consortium(ワールド・ワイド・ウェブ・コンソーシアム)。1994年、World Wide Web(WWW)発明者であるイギリスの計算機科学者ティム・バーナーズ=リー(Tim Berners-Lee、1955年〜)によって設立された、ウェブに関する各種技術の標準化団体。

```
<?xml version="1.0" encoding="utf-8"?>

<!DOCTYPE 電子書籍リスト [
  <!ELEMENT 電子書籍リスト ( 書籍情報 +)>
  <!ELEMENT 書籍情報 ( タイトル , 著者 , 出版社 , 価格 , 発行日 )>
  <!ELEMENT タイトル (#PCDATA)>
  <!ELEMENT 著者 (#PCDATA)>
  <!ELEMENT 出版社 (#PCDATA)>
  <!ELEMENT 価格 (#PCDATA)>
  <!ELEMENT 発行日 (#PCDATA)>
]>

< 電子書籍リスト >
    < 書籍情報 >
        < タイトル > 吾輩は猫である </ タイトル >
        < 著者 > 夏目漱石 </ 著者 >
        < 出版社 > 吉祥書房 </ 出版社 >
        < 価格 >1200</ 価格 >
        < 発行日 >2010/04/20</ 発行日 >
    </ 書籍情報 >
    < 書籍情報 >
        < タイトル > 銀河鉄道の夜 </ タイトル >
        < 著者 > 宮沢賢治 </ 著者 >
        < 出版社 > 吉祥書房 </ 出版社 >
        < 価格 >800</ 価格 >
        < 発行日 >2010/04/14</ 発行日 >
    </ 書籍情報 >
</ 電子書籍リスト >
```

XML 宣言
（XML のバージョンや文字コードなども指定する）

DTD
（使用するタグの種類や順番、記述方法などを示す）

XML データ
（XML 文書のデータ部分）

図3●XML文書の内容

るために、気づかないままXMLを使用している場合があります。InDesignでは、そのまま保存すると「xxxx.indd」なのに、下位バージョン用の互換形式で保存すると「xxxx.inx」ファイルになります。「inx」ファイルというのはXML形式の一種です。また、WordやExcelでも、最新バージョンで保存すると拡張子［*2］が以前の「.doc」や「.xls」から、「.docx」や「.xlsx」に変更されています。これらもXML形式のひとつなのです。
つまり、普通にWordやInDesignなどを使っていれば、XML形式での書き出しや読み込みは自動で行なわれるため、特別に意識をしなくても大丈夫ということです。
では、私たちがWordやInDesignを使うときに、まったくXMLを気にしなくてもいいのかというと、実はそうではありません。どこを注意すればいいのか。それは「段落スタイル」です。ワープロやDTPソフトには、文章のカタマリに書式情報を適用するのに「段落スタイル」を使うことができます。流し込んだ文章に、「ここは見出し」「ここは本文」「ここはキャプション」というスタイルを適用していく作業は、XMLのタグを付けるのと同じ意味があります。
また、Wordには「アウトライン機能」があります。これは長い文章を編集するときに、セクションや見出しなどのアウトラインを設計するもので、構成や文書構造をわかりやすく操作するための機能です。Word以外でもアウトラインプロセッサやマインドマップなど、単独のソフトウェアもたくさん出ています。こういう機能を利用して、文書構造を理解した編集作業をすれば、XML形式で書き出したときに役に立つテキストファイルとなります。
デザインや編集作業をするとき、ドロナワ式に文字を大きくしたり色を付けたりして作業していくのではなく、使用ソフトの「スタイル」機能を活用したりアウトライ

［*2］**拡張子**……ファイル名のピリオド以降に付される文字列のこと（例：「～.txt」）。ファイルの種類を示すために付される。

ン機能を活用して、文書の構造化を意識した手順になれておけば、書き出したXMLファイルの互換性や有用性が高くなるということです。
コストや時間に追われると、後からの修正や再利用のことを考えずにデータを作ってしまうことがよくあります。しかしそこをがんばって互換性の高いデータを作っておけば、ウェブや電子書籍への展開、機械翻訳の精度アップや検索エンジンへの最適化などさまざまな再利用がずっと楽になり、新しいビジネス展開も可能になってくるのです。

●電子書籍とEPUB

さて、巷で話題の電子書籍です。KindleやiPadの出現でようやく電子書籍が現実的になってきました。とくに出版では流通方法が一新するので、新しい試みが増えていくでしょう。
しかし、電子デバイスで書籍を読む方法は今までもたくさんありました。テキストやPDFやウェブページでの原稿公開も可能ですし、ケータイ小説やゲームノベルなども進化しています。一足早く電子書籍が普及し始めたアメリカでは、さまざまな電子ブックデバイスの覇権争いが始まりました。ゲーム機のようにデバイスとコンテンツがくっついてしまうと、普及に失敗するおそれがあります。
先行のKindleは独自のファイル形式でした。それ以外のメーカーも当初はさまざまなファイル形式を採用し、アメリカでは多数の電子書籍フォーマットがありました。
互換性がなければ、デバイス毎に電子書籍を作り直さなくてはならなくなります。Kindleの成功を横目にAmazon以外のメーカーは統一規格の採用を探りました。そこで採用されたのが、オープンの統一フォーマットEPUBです。ePubと表記されることもあります。

特にGoogleブックスやBarnes & NobleのNOOK、Sony Reader、AppleのiBooksなどが採用したのは大きかったようで、現在、主要な電子ブックリーダでEPUBファイルを読めないのはKindleだけになってしまいました。近いうちにKindleもEPUB表示に対応するのではと言われています。

このEPUBというファイル形式も、実は中身はXML（XHTML）ファイルなのです。

もう少し正確に言うと、EPUBとはXHTMLファイルに、デザイン情報のCSSと、画像（JPEG）や図版（SVG）などを足してひとまとめにパッケージングした電子書籍用ファイル形式のことです。実際の中身で言えばウェブサイト用のデータとほぼ同じファイルです。

●EPUBは書籍用のフォーマット

EPUBの特徴はページ単位という縛りがなく、デバイスの大きさに合わせて表示する文字数が変更する点です。読者は自分の好きなフォントやサイズで読書することができます。しかし、成り立ちや仕組みから言うと、現在のEPUBでは複雑なレイアウトを再現することは不可能です。つまり細かい段組みなど、雑誌的な表現はできません。文章中心の読みもの用フォーマットなのです。

『Alice for the iPad』などのように、iPadでデモンストレーションが行なわれているような複雑でリッチなコンテンツは、独自のプログラムやHTML5などによって作られており、EPUBではありません。EPUBはあくまでも文章を読ませる書籍のためのフォーマットで、せいぜいがコミックや写真集くらいまでです。

もちろんEPUBも将来的にはHTML5やJavaScript［*3］などの技術を取り入れて複雑なレイア

［*3］**JavaScript**……簡易的なプログラム言語の一種。従来は静的な表示のみ可能であったウェブページに、動きや閲覧する側への個別対応など、動的な作動を可能にするために開発された。

ウトを表現できるようになる可能性はあります。しかし、それはまだ何年か先の話になるでしょう。

●EPUBファイルの作り方

ではInDesignで作った書籍をどうすればEPUBにすることができるか。これは簡単で、CS3以降のファイルメニューにある「Digital Editionsへの書き出し」を選べばいいだけです。ただし、現時点（CS4）では日本語に正式対応していません。書き出すことはできても表示が崩れてしまうことが多く、修正にはけっこうな手間がかかります。

これは何が原因かというと、EPUBで日本語の扱いをどうするかがまだ決まっていないからなのです。

EPUBはアメリカの出版社協会のような団体が主導して仕様を決定しました。日本でも現在、日本電子出版協会（JEPA）が日本語用の仕様を策定して「IDPF」（International Digital Publishing Forum／国際デジタル出版フォーラム）に採用を申し出ているところです。

日本語の仕様というのは、「縦組みの扱い」「禁則処理」〔*4〕「ルビ」の3つです。

今でも手作業や専用ソフトで日本語のEPUBファイルを作ることは可能ですが、制限が多く、ビュワーも普及していないため、それまでは仕組みを勉強しておくだけの方がいいかも知れません。どうしてもというなら英語版のEPUBファイルにするか、日本語であれば、すでに普及している「青空文庫XHTML形式」で作成しておきましょう。同じXHTMLなので、EPUBの仕様が決まった時点で変換することもそれほど難しくないはずです。

仕様の決定がいつになるかはま

〔*4〕**禁則処理**……文を組む際に、禁則（例：句点や読点が行頭に配置されてはいけない）などを設定して処理すること。

だわかりません。業界団体ではなんとか年内に、という声が出ているようです。いちばんの問題は世界でも日本だけといわれる「縦組み」の部分なので、横組みであればもっと早く扱えるようになる可能性はあります。
正式な仕様が決定したら、日本語の書籍でもWordやInDesignから「EPUB形式で保存」できるようになるのは間違いないですし、簡易な「EPUB作成ソフト」もたくさん出てくるはずです。
あわてずに、今やるべきことをやりましょう。それは、「文章の構造化」ということの意味を理解すること、そして「スタイル」や「アウトライン」機能を活用して、編集やDTPでも計画的な作業を行なうことです。
以上です。勉強会の会場を無料で提供してくれたサイゾー編集部にもお礼を。
(初出●ボイジャーウェブサイト「マガジン航」・2010年4月28日公開)

書名……………電子書籍と出版
副書名…………デジタル／ネットワーク化するメディア
著者……………高島利行、仲俣暁生、橋本大也、山路達也、
植村八潮、星野渉、深沢英次、沢辺均
編集……………高橋大輔
ブックデザイン‥山田信也
協力……………高橋久未子（「2010年代の『出版』を考える」構成）
発行……………2010年7月10日［第一版第一刷］
定価……………1,600円+税
発行所…………ポット出版
150-0001
東京都渋谷区神宮前2-33-18#303
電話 03-3478-1774　ファックス 03-3402-5558
ウェブサイト http://www.pot.co.jp/
電子メールアドレス books@pot.co.jp
郵便振替口座…00110-7-21168 ポット出版
印刷・製本……シナノ印刷株式会社
ISBN978-4-7808-0149-1 C0000

E-book and publishing
by TAKASHIMA Toshiyuki, NAKAMATA Akio,
HASHIMOTO Daiya, YAMAJI Tatsuya,
UEMURA Yashio, HOSHINO Wataru,
FUKASAWA Eiji, SAWABE Kin
First published in Tokyo Japan, Jul. 10. 2010
by Pot Pub. Co., Ltd
#303 2-33-18 Jingumae Shibuya-ku
Tokyo, 150-0001 JAPAN
E-Mail: books@pot.co.jp
http://www.pot.co.jp/
Postal transfer: 00110-7-21168
ISBN978-4-7808-0149-1 C0000

【書誌情報】
書籍DB●刊行情報
1 データ区分—1
2 ISBN—978-4-7808-0149-1
3 分類コード—0000
4 書名—電子書籍と出版
5 書名ヨミ—デンシショセキトシュッパン
7 副書名—デジタル／ネットワーク化するメディア
13 著者名1—仲俣　暁生
14 種類1—著
15 著者名1ヨミ—ナカマタ　アキオ
16 著者名2—植村　八潮
17 種類2—著
18 著者名2ヨミ—ウエムラ　ヤシオ
19 著者名3—橋本　大也
20 種類3—著
21 著者名3ヨミ—ハシモト　ダイヤ
22 出版年月—201007
23 書店発売日—20100710
24 判型—B6
25 ページ数—208
27 本体価格—1600

本文●ラフクリーム琥珀N　四六判・Y・71.5kg（0.130）／スミ　見返し●里紙・桜・四六判・Y目・100kg
表紙●アラベール・ナチュラル・四六判・Y目・200kg／TOYO CF 10064
カバー●もみがみ・白・四六判・Y目・110kg／スミ（スリーエイト）+TOYO CF 10064／グロスPP
使用書体●游明朝体M+Garamond　游明朝体　游ゴシック体　Garamond　Frutiger　Hoefler Text
2010-0101-3.0

デジタルコンテンツをめぐる現状報告
出版コンテンツ研究会報告2009

著●出版コンテンツ研究会、岩本敏、佐々木隆一、加茂竜一、境真良、小林弘人、柳与志夫　定価●1,800円+税

出版、音楽配信、印刷、役所、ITの現場のエキスパートに訊く、デジタルコンテンツビジネスの現状と課題。

2009.07発行／ISBN978-4-7808-0128-6／B6判・並製／208頁

本の現場
本はどう生まれ、だれに読まれているか

著●永江朗
希望小売価格●1,800円+税（※この本は非再販商品です）

30年で出版点数は4倍、しかし販売金額は半分になった。
なぜか?　そんな疑問から本の現場の取材がはじまった——。

2009.07発行／ISBN978-4-7808-0129-3／四六判・並製／228頁

どすこい 出版流通
筑摩書房「蔵前新刊どすこい」営業部通信1999-2007

著●田中達治　定価●1,800円+税

本の物流と営業のシステム化に心血を注いだ、筑摩書房元取締役営業局長のストレート・トーク。

2008.07発行／ISBN978-4-7808-0117-0／四六判・並製／200頁

石塚さん、書店営業にきました。

著●石塚昭生　定価●2,000円+税

書店と出版社が「本を売る」ためにすべきことはなにか。
両者が互いに力を合わせるための実践的書店営業の方法。

2008.02発行／ISBN978-4-7808-0113-2／四六判・並製／240頁

●全国の書店、オンライン書店で購入・注文いただけます。
●以下のサイトでも購入いただけます。
ポット出版◎ http://www.pot.co.jp/　　版元ドットコム◎ http://www.hanmoto.com/